Elsässer Küche

www.komet-verlag.de
Gesamtherstellung: Komet Verlag GmbH
ISBN 3-89836-415-1

Elsässer Küche

Inhaltsverzeichnis

Elsass

Wenn man nicht wüsste, dass der Garten Eden irgendwo im Osten gelegen haben soll, man könnte ihn gleich auf der anderen Seite des Rheins vermuten. Für Genießer jeder Art und Intensität ist das Elsass schlichtweg das Paradies. Und nicht wenige Feinschmecker und Weinfreunde haben hier, zwischen Rhein und Vogesen, zwischen Wissembourg und Mulhouse ihre kulinarischen Erweckungserlebnisse gehabt.

Was ja auch kein Wunder ist: Grenzgebiete sind in fast jeder Beziehung spannender als lange in sich ruhende Gegenden im Landesinnern. An den Grenzen stoßen Gegensätze aufeinander, was sich zum einen – besonders im Falle des Elsass – negativ ausdrücken kann,

wie an Kriegen und Belagerung zu sehen ist, und andererseits glücklicherweise zu Bereicherungen und zu Vermischungen führt, und das nicht nur in den Küchen. Aber da ganz besonders.

Deshalb wohl erscheint uns Deutschen das Elsass als so besonders paradiesisch, weil es so viel Anheimelndes hat, das sich aber französisch präsentiert. Und umgekehrt das Französische in quasi eingedeutschter Form zeigt.

Die Entwicklung eines Deutschen im Elsass zum Feinschmecker lässt sich gut an meinem Beispiel zeigen. Das fing natürlich an mit dem am ehesten zugänglichen Essen, dem Choucroute, was mit Sauerkraut zwar richtig aber nicht ganz ausreichend übersetzt ist. Ein „Choucroute garnie" ist eine solch monströse Schlachtplatte mit Blut-, Leber- und Knackwürsten, mit Wellfleisch und Speck und Schiefele (der geräucherten Schweinebrust), dass allein die Erinnerung daran die intensive

Sehnsucht nach einem kräftigen Elsässer Obstgeist weckt. Zugleich war das Sauerkraut aber auch entschieden „französischer“ als sein Pendant auf der anderen Rheinseite. Im Elsass war es eindeutig leichter, gemüsiger, und vor allem war es mit frischem Elsässer Wein gekocht. Überhaupt der Wein. Das war die Zeit, als deutsche Weine immer süßer und immer parfümierter wurden, so sehr, dass ich im nahen Offenburg im Gasthaus immer nur den „Diabetiker“ bestellte, weil ich wusste,

der ist wirklich trocken. Das war drüben im Elsass nie ein Problem. Da waren die Weine, ob Riesling, Silvaner oder Tokay, selbstverständlich trocken. Und verführerisch gut.

Der nächste Schritt meiner kulinarischen Erziehung im Elsass betraf zunächst weitere Deftigkeiten wie den Baeckeoffe (von dem keiner weiß, wie man ihn richtig schreibt), jenen gigantischen Schmortopf aus Lauch, Kartoffeln, Lamm, Rind und Schwein, der mit Teig verschlossen Stunde um Stunde im Ofen bleibt, um dann den Genießer mit seinem Aroma und seiner Pracht zu überwältigen. Der seinen Namen übrigens daher hat, dass ihn der Bäcker früh morgens mit in den Brotofen

schob, so dass die Hausfrau ihn mittags servieren konnte. Oder auch die Flammeküeche, die ich zuerst unbeeindruckt für eine Art Pizza oder Zwiebelkuchen gehalten habe, bis ich merkte, um was für ein knusperdünnes Wunder es sich handelte.

Der nächste Schritt hatte immer noch mit Masse zu tun, verriet aber doch schon einen deutlichen Schritt in Richtung Verfeinerung. Ganz wie ihre badischen Nachbarn sind die Elsässer famose Spargelbauern und leidenschaftliche Spargelesser. Und in der Rheinebene nördlich von Straßburg finden sich für beides die idealen Voraussetzungen. So wurde denn das Dörfchen Hoerdt zur einzigartigen Spargelhochburg. Und einzigartiges Zentrum im Spargelzentrum ist das Restaurant „À la charrue", Zum Pflug, das selbst einen ziemlich abgebrühten Esser wie mich mehr als nur verblüffte: zahllose Säle und Stuben, alle fröhlich lärmend gefüllt, und nur drei Menüs auf der Karte, aber was für welche! Beim ersten gibt es als Vorspeise Lachs, beim zweiten Foie Gras und beim dritten eine halbe Languste. Der eigentliche Kracher aber ist der Hauptgang: Ein Kilo Spargel, perfekt zubereitet, perfekt in sehr besonderen Schüsseln serviert und begleitet von drei Saucen, einer hausgemachten Mayonnaise, einer wunderbar leichten Mousseline und einer Vinaigrette. Dazu natürlich einen Wein aus dem Elsass, einen Pinot gris vielleicht oder einen Silvaner oder ganz verwegen auch mal einen Muscat. Und Sie werden staunen: Es gibt immer reichlich Gäste, die nach einem solchen Gelage noch ein Dessert bestellen, Erdbeeren mit Schlagsahne zum Beispiel.

Ein weiterer Schritt zur kulinarischen Sesshaftwerdung im Elsass führt direkt in die Institution Weinstube, auf Elsässisch „Winstub". Hier, bei der unvergleichlichen Yvonne im „S'Burjerstuewel", habe ich mich zunächst mit Vorsicht, dann mit Begeisterung an solch fremdartige Delikatessen wie Weinbergschnecken herangemacht. Man kann ihnen aber auch gar nicht entkommen, der Duft der sie begleitenden Knoblauchbutter durchzieht in dichten Schwaden die Straßburger Altstadt. Und wer diesem Duft widerstehen kann, ist für die hohe Kunst der Schlemmerei verloren. „Ohne Schnecken", sagt denn auch der große Zeichner und große Elsässer Tomi Ungerer, „wäre die elsässische Gastronomie gar nicht denkbar."

Allerdings wird in der Winstub inzwischen einiges mehr geboten als nur Weinbergschnecken, Presskopfsülze, Wädele (kleine Schweinshaxen) mit Kartoffelsalat und Meerrettich oder auch Foie Gras. Mittlerweile sind viele Winstub-Wirte um höhere Weihen bemüht, und das mit Erfolg. Das Ideal freilich ist erreicht, wenn der Wirt traditionelle Küche bietet, die aber aufs Feinste zubereitet. Wie Familie Guidat im „Caveau Morakopf" in Niedermorschwihr, die wunderbare geräucherte Schäufele zu lauwarmem Kartoffelsalat serviert oder zarteste Hühnerbrust auf Linsen.

Oder das „Tire-Bouchon“ in Riquewihr, wo der Baeckeoffe ganz vortrefflich ist. Oder Sie versuchen in „Winstub Arnold“ in Itterswiler das Wildragout nach Großmutterart. Und im „S'Rappschwirer Stebela“ den unglaublichen Flammkuche, hauchdünn, knusprig und mit köstlicher Crème fraîche obendrauf.

In Straßburg halten Sie sich am besten an Tomi Ungerer, der mir vor ein paar Jahren schrieb: „Es gibt jede Menge Winstubs. Ich

bin ein Gewohnheitsmensch und kann nur die empfehlen, die ich regelmäßig besuche. „Au Pont du Corveau“, zur Rabenbrücke, gehe ich wegen der Blutwurst oder des Bibeleskäs. Die „Zehnerglock“ hat die beste Bratwurst, im „Strissel“ trinkt man einen guten „Käferkopf“, „Au coin des Pucelles“ hat einen guten Bauernspeck und Gschwelti (Pellkartoffeln) und auch, aber selten, marinierte Stiereier.“

30

Die sind nun sicherlich nicht jedermanns Sache, im Gegensatz zum Wein, der ja schließlich das Wesentliche an der Weinstube ist.

„Wer im Elsass nicht pausenlos in Versuchung kommt, Weine zu probieren und zu kaufen", schreibt Autorin Annegret Stegmann, „muss blind, Asket oder Anonymer Alkoholiker sein." Und Tomi Ungerer ergänzt: „Wein im Elsass zu kaufen ist eine Art Safari. Man geht zum Probieren von Ort zu Ort, von Keller zu Keller und lässt dann sein Auto stehen, sonst verliert man seinen Führerschein. Deshalb gibt es so viele verlassene deutsche Autos hier."

Nun kann eine kulinarische Erziehung natürlich nicht bei Weinstuben innehalten, und seien sie noch so schön. Meine nächste Entwicklungsstufe spielte sich in schlichten Landgasthäusern ab, in denen das typisch Elsässische

der Küche ganz besonders schön in Erscheinung tritt.

Mit dem allergrößten Vergnügen denke ich an den kleinen Ort Ebersmunster mit seiner grandiosen Abtei, gelegen am Ufer der Ill im Ried, der Feuchtlandschaft in der Rheinebene. Gleich neben der Kirche liegt hier das „Aux deux Clefs" (Zu den zwei Schlüsseln), von dem die Patronne, Madame Baur, zu sagen pflegt: „Die besten Lokale finden sich immer gleich neben den Kirchen." Was sie selbst betrifft, hat sie sicher Recht, schließlich hat sie über 50 Jahre hinter dem Herd gestanden und unzählige Gäste beglückt. Weil sie nämlich die unbestrittene Königin der Matelote war. Brutal vereinfacht könnte man die Matelote einen Fischeintopf nennen, wäre sie nicht um vieles eleganter und köstlicher. Aal, Schleie, Zander, Hecht und manchmal Barsch gehören dazu und Sahne und Weißwein und bei Madame Baur immer Butternudeln als Beilage. Sie selbst ist inzwischen 83 und kocht nicht mehr im Restaurant. Aber ihr Sohn Alexandre setzt die Tradition fort. Mit denselben Rezepten, die seine Mutter schon von der Mutter ihrer Schwiegermutter übernommen hat. Rezepte für das Geheimnis der Matelotesauce, für den gebackenen Aal und nicht zu vergessen für das „Glace au Miel", das sensationelle Honigeis. Womit wir bei so etwas wie der kulinarischen Hochschulreife angelangt wären, bei den Giganten, die den Ruhm der elsässischen Küche begründet haben und weiterhin aufrechterhalten.

Voller Ehrfurcht fuhren wir damals nach Illhäusern, um in der „Auberge de l'Ill" die ganz große Küche zu erleben. Überlassen wir dazu meinem Lieblings-Restaurantkritiker Gert v. Paczensky das Wort: „Das Flüsschen Ill würde wohl niemand außerhalb seiner elsässischen Heimat kennen, wenn die „Auberge" an seinem linken Ufer, nahe Colmar, es nicht weltberühmt gemacht hätte. Hauptsächlich natürlich, weil Paul Haeberlin so wunderbar kochte und sein zwei Jahre jüngerer Bruder Jean-Pierre, der eigentlich Maler werden wollte und die Kunstakademie besucht hatte, ein so großer Einrichtungskünstler war. Die beiden machten aus der früheren Fischkneipe ein immer schöneres und immer besseres Restaurant, heute eines der schönsten in dieser Liga der besten. Paul Haeberlin, der es schaffte, Menschen aus Frankreich, Deutschland und der Schweiz in ziemlich gleichen Anteilen zu Stammgästen zu machen, nebst einer stattlichen belgischen Gästeschar, war für mich der europäischste unter den großen Köchen des 20. Jahrhunderts. Manche regionalen Gerichte hat er geradezu vor dem Verschwinden gerettet. Sein berühmtes erstes war die Schneckenmousseline, dann kam das Soufflé vom Lachs und mehr. Sein Sohn Marc setzt die gute Tradition sehr fähig und auch mit neuen Impulsen fort."

Hier bekam ich auch meine ersten köstlichen Froschschenkel vorgesetzt (Ein erster Versuch in Amerika endete ausgesprochen gruselig: Ich bekam zwei frittierte Keulen von Ochsenfröschen, mir wird heute noch ganz seltsam zumute). Bei Haeberlin hingegen waren sie unschlagbar zart in einem sahnigen Ragout. Hier ist wohl ein klärendes Wort für Artenschützer angebracht: Wenn heute die Frösche im Elsass aus der Türkei importiert oder in eigenen Betrieben gezüchtet werden, dann nicht, weil sie durch übergroße Nachfrage von den Wiesen verschwunden sind; sie sind der Industrialisierung der Landwirtschaft zum Opfer gefallen.

Es passiert, wie Sie sehen, ganz leicht, dass man ins Schwärmen gerät, wenn die Rede auf die Küchen im Elsass kommt. Darf ich Ihnen den Mund wässrig machen mit einigen der schönsten Dinge bei einigen der besten Köche?

Bei Haeberlin Hummerragout, Taubengelee und Foie gras. Bei Michel Husser im „Le Cerf" in Marlenheim Schneckenfrikassee, Baeckeoffe, gebratene Taube, Choucroute vom Spanferkel mit geräucherter Gänseleber. Bei Emile Jung im „Crocodile" in Straßburg gibt's Entenleber in Salzkruste, Baeckeoffe mit getrüffeltem Gemüse und ganz hinreißende Fischgerichte. Ein bisschen weiter, im Straßburger Orangerie-Park bietet Ihnen Antoine Westermann in seinem „Buerehiesel" gebratenes Kalbsbries mit Croutons und glasierten Zwiebeln und natürlich Froschschenkel, hier gebraten mit Kerbel. Ganz im Norden des Elsass, in Lembach, erfreut das „Cheval Blanc" seit Jahrzehnten hungrige Gäste. Wie wäre es mit Fernand Mischlers Huhn mit Morcheln oder mit dem Rehmedaillon mit Senf und roten Früchten? Und selbstverständlich wollen wir den großen Pierre Gärtner nicht vergessen, der im „Aux armes de France" in Ammerschwihr Großes leistet. Lassen Sie sich seine Gänseleber-Bonbons entgehen.

Bevor mir vom Schreiben und Erinnern allzu intensiv das Wasser im Munde zusammenläuft, wende ich mich lieber wieder etwas schlichteren, aber keineswegs schlechteren Genüssen zu. Die können Sie auf den Fermes Auberges finden, Bauernhöfen mit Gastronomie oder viel präziser: Bauernhöfen zum Genießen. Fast 70 von ihnen gibt es in den Hochvogesen. Und sie haben sich verpflichtet, einen Teil ihres Angebots selbst zu produzieren. Typisch für sie ist das „Menu Marcaire", das Melkermenü. Dazu gehört eine Suppe, ein Stück

Fleischpastete im Blätterteig, geräuchertes Schweinefleisch mit „Roigebrageldi", einer Art Bratkartoffeln, sowie schließlich das unvermeidliche Stück Munsterkäse und ein Stück Torte.

Der Munsterkäse aus den Hochvogesen, ein recht beachtlicher Stinker, wenn er reif genug ist, hat sich zu einer Art Nationalkäse entwickelt. Er ist so elsässisch, dass viele glauben, er habe seinen Namen vom Straßburger Münster oder so. Das ist natürlich Unfug, er wird schlicht und einfach im Munstertal hergestellt.

Was der Munster unter den Käsen, ist der Gugelhupf unter den Kuchen: nicht wegzudenken. Er taucht unter den seltsamsten Namen auf: Kougelhopf, Kougloff, Kuelopf, Köjlhopf. Und will man der Legende glauben, dann haben ihn die Heiligen Drei Könige ins Elsass gebracht. Wenn dies stimmt, hätten sie großartigen Geschmack bewiesen. Dieser Hefekuchen, am besten mit in Kirschwasser marinierten Rosinen gebacken, kann einem den ganzen Tag versüßen: Zum Frühstück mit Tee oder Kaffee, über den Tag verteilt mit dem einen oder anderen Gläschen Tokay oder noch besser Gewürztraminer – glauben Sie mir: So lässt sich's aushalten.

Dazu noch einmal Tomi Ungerer: „Ja, im Elsass zu essen, ist meistens eine gemütliche Erfahrung. Man setzt sich hin, und schon zappelt die Zunge, die Drüsen speicheln , die Nasenlöcher zucken, der Magen tanzt mit den Gedärmen, die Leber hat schon Angst, der Körper fließt leise in einer Brühe von Wohlgefühl." Dem ist nichts mehr hinzuzufügen. Wohl bekommt's.

Kleine Gerichte

Geflügellebermousse

Zutaten für 4 Personen

200 g Geflügelleber, 40 g Mehl, 1/2 Bund gehackte frische Petersilie, 6 Eier, 400 ml Milch, 200 ml Schmand, Salz, Pfeffer

1 Den Backofen auf 180 °C (Umluft 160 °C) vorheizen. Die Leber waschen, von Sehnen und Häuten befreien und trockentupfen. Die Leber mit Mehl und Petersilie mischen und fein pürieren.

2 3 Eier trennen, Eiweiß anderweitig verwenden. 3 Eier und 3 Eigelb zur Leber geben und gut unterrühren. Milch und Schmand zugeben und alles nochmals gut durchrühren.

3 Die Lebermasse in eine gefettete Souffleeform geben und im Wasserbad im Ofen etwa 30 Minuten garen. Danach sofort auf einen Teller stürzen. Esslöffelweise abstechen und mit Baguette servieren.

Zubereitungszeit 50 Minuten

Pro Portion ca. 453 kcal/1901 kJ

27 g E · 31 g F · 17 g KH

Morcheln in Sahne

Zutaten für 4 Personen

50 g getrocknete Morcheln, 300 ml Milch, 125 g Butter, 100 ml Kalbsfond, 1 El Mehl, 100 ml Sahne, Salz, Pfeffer, 12 kleine Weißbrotscheiben

1 Die Morcheln über Nacht in 200 ml Milch einweichen. Anschließend herausnehmen, abspülen und abtropfen lassen. 100 g Butter in einer Pfanne erhitzen und die Pilze darin 5 Minuten andünsten. Kalbsfond angießen und etwa 20 Minuten köcheln.

2 Die restlichen Butter in einem Topf erhitzen und das Mehl darin anschwitzen, mit restlicher Milch und Sahne ablöschen und unter Rühren sämig kochen. 15 Minuten eindicken, dann die Morcheln mit der Einweichflüssigkeit unterrühren. Mit Salz und einer Prise Pfeffer abschmecken.

3 Pro Person 3 Weißbrotscheiben kurz toasten und auf Tellern anrichten. Mit den Morcheln in Sahne überziehen.

Zubereitungszeit 45 Minuten
(plus Einweichzeit)
Pro Portion ca. 465 kcal/1953 kJ
12 g E · 24 g F · 50 g KH

Leber im Teigmantel

Zutaten für 4 Personen

200 g Kalbfleisch, 300 ml trockener Weißwein, 1 Paket TK-Blätterteig (ca. 450 g), 200 g Gänseleber, 1 Brötchen vom Vortag, 1 Zwiebel, 1 Tl Butter, 200 g Schweinemett, 100 ml Sahne, 1 Ei, 1/2 Tl Oregano, Salz, Pfeffer, Paniermehl nach Bedarf, 2 cl Armagnac

1 Das Fleisch in kleine Würfel schneiden und über Nacht im Weißwein einlegen. Anschließend herausnehmen und abtropfen lassen. Den Wein aufbewahren. Den Blätterteig auftauen lassen. Die Leber waschen, trocknen und würfeln. Den Backofen auf 240 °C (Umluft 220 °C) vorheizen. Das Brötchen einweichen. Die Zwiebel schälen und hacken. Die Butter erhitzen und die Zwiebel darin glasig dünsten.

2 Leber, Mett, Zwiebel, gut ausgedrücktes Brötchen und das Kalbfleisch in eine Schüssel geben. Die Sahne steif schlagen und unterheben. Ei, Oregano und den Wein zur Masse geben und alles gut mischen, dann pürieren. Mit Salz und Pfeffer würzen. Dann so viel Paniermehl zugeben, bis der Teig eine feste Konsistenz erhält. Zuletzt mit Armagnac verfeinern.

3 Eine Kastenform mit Backpapier auslegen, dann mit Blätterteigscheiben auskleiden. Den Leberteig hineingeben und mit den Blätterteigscheiben bedecken. Die obere Lage Blätterteig mit einer Gabel mehrmals einstechen, damit der Dampf entweichen kann. Die Pastete im Backofen etwa 1 Stunde 10 Minuten backen. Kalt mit grünem Salat servieren.

Zubereitungszeit 30 Minuten
(plus Marinier- und Backzeit)
Pro Portion ca. 898 kcal/3770 kJ
36 g E · 63 g F · 46 g KH

Elsässer Flammkuchen

Zutaten für 1 Backblech

430 g Mehl, Salz, 6 El Sonnenblumenöl, 200 g saure Sahne, 200 ml Crème fraîche, 2 große Gemüsezwiebeln, 250 g durchwachsener Speck, 1 Bund Petersilie, Fett für das Blech

1 Backofen auf 280 °C (Umluft 260 °C) vorheizen. Ein großes Backblech leicht einfetten.

2 Mehl in eine Schüssel geben und in die Mitte eine Mulde drücken. 4 El Öl und 1/2 Tl Salz zugeben und mit dem Handrührgerät gut verkneten. Zuletzt 250 ml kaltes Wasser zum Teig geben und mit dem Rührgerät durchkneten, bis ein weicher Teig entsteht. Teig kurz ruhen lassen.

3 Zwiebeln schälen und in Ringe schneiden, den Speck in Würfel schneiden.

4 Das restliche Öl in einer Pfanne erhitzen und die Zwiebelringe darin etwa 2 Minuten anschmoren. Die Speckwürfel zugeben und alles weitere 2 Minuten schmoren.

5 Teig dünn ausrollen und auf dem Backblech auslegen. Die Ränder etwas hochdrücken. Saure Sahne und Crème fraîche mischen und auf den Teig streichen. Darüber Zwiebelringe und Speckwürfel geben.

6 Den Flammkuchen im Backofen 5–8 Minuten knusprig backen, bis der Belag Blasen wirft. Petersilie waschen, trockenschütteln und fein hacken. Den Flammkuchen damit bestreuen und servieren.

Zubereitungszeit 20 Minuten
(plus Schmor- und Backzeit)
Pro Stück ca. 150 kcal/630 kJ
6 g E · 6 g F · 18 g KH

Quiche Lorraine

Zutaten für 1 Springform

125 g Butter, 200 g Mehl, Salz, Pfeffer, 150 g gekochter Schinken, 300 g Schinkenspeck, 3 Zwiebeln, 1 Knoblauchzehe, 1/2 Bund gehackter frischer Schnittlauch, 8 Eier, 200 g frisch geriebener Emmentaler, 200 ml Sahne

1 Die Butter weich werden lassen und in einer Schüssel mit dem Mehl vermengen. 3 El kaltes Wasser zugeben und je 1 Prise Salz und Pfeffer. Alles zu einem glatten Teig verkneten und an einem kühlen Ort etwa 1 Stunde ruhen lassen.

2 Schinken und Schinkenspeck in kleine Würfel schneiden. Die Zwiebeln schälen und fein hacken. Den Knoblauch schälen und mit etwas Salz zerdrücken. Alle Zutaten in einer Schüssel mischen und mit Salz und Pfeffer würzen.

3 Den Backofen auf 250 °C (Umluft 230 °C) vorheizen. Schnittlauch in die Schüssel geben und mit den anderen Zutaten verrühren. Den Teig mit den Händen flachdrücken und in eine gefettete Springform (Ø 24 cm) legen. Den Rand hochziehen. Die Schinkenmasse darauf verteilen.

4 Die Eier mit dem Käse und der Sahne verschlagen und über den Schinken geben. Die Quiche im Ofen etwa 50 Minuten backen.

Zubereitungszeit 25 Minuten
(plus Ruhe- und Backzeit)
Pro Stück ca. 329 kcal/1382 kJ
15 g E · 24 g F · 14 g KH

Elsässische Fleischpastete

Zutaten für 1 Springform

500 g Schweinefleisch, 500 g Kalbfleisch, 300 g Gänsestopfleber, 50 ml Trüffelfond, 125 ml Weißwein, 100 g gekochter Schinken, Salz, Pfeffer, 50 ml Portwein, 500 g Mehl, 250 g Butter, 1 Tl Salz, 1 Ei, 1 Eigelb

1 Schweine-, Kalbfleisch und Gänseleber waschen, in Trüffelfond und Weißwein über Nacht einweichen und kalt stellen. Anschließend herausnehmen und abtropfen lassen. Das Fleisch in der Küchenmaschine zerkleinern oder durch den Fleischwolf drehen. Die Leber beiseite legen.

2 Den gekochten Schinken in feine Würfel schneiden und unter das Fleisch mischen. Den Fleischteig mit Salz und Pfeffer würzen und mit Portwein verfeinern.

3 Den Backofen auf 200 °C (Umluft 180 °C) vorheizen. Das Mehl mit der Butter, dem Salz, dem Ei und 125 ml Wasser zu einem glatten Teig verarbeiten. Zwei Drittel des Teiges abnehmen und ausrollen. Eine Springform (Ø 24 cm) mit dem Teig auslegen und ein Drittel der Fleischmasse darauf geben. Die Gänsestopfleber in Scheiben schneiden und darüber legen. Mit restlichem Fleischteig bedecken.

4 Den restlichen Teig ausrollen und so über die Füllung legen, dass sie vollständig bedeckt ist. Das Eigelb verquirlen und den Teig damit bestreichen. Nach Belieben mit einem Messer die Teigoberfläche verzieren. Die Pastete im Ofen etwa 45 Minuten backen. Warm mit einem Glas Elsässer Riesling servieren.

Zubereitungszeit 30 Minuten
(plus Marinier-, Blanchier- und Backzeit)
Pro Stück ca. 480 kcal/2016 kJ
28 g E · 26 g F · 32 g KH

Brioche mit Gänseleber

Zutaten für 4 Personen

4 Brioche, 1 P. Gelatine, 250 ml Fleischbrühe, 2 El Madeira, Salz, 200 g Gänseleber in Scheiben, 4 Scheiben schwarze Trüffel, gehackte frische Petersilie zum Garnieren

1 Die Brioche nach dem Rezept von Seite 125 zubereiten, dabei den Zucker weglassen.

2 Die Gelatine mit 5 El Wasser verrühren und 10 Minuten quellen lassen. Dann Gelatine unter Rühren erwärmen, bis sie sich aufgelöst hat.

3 Gelatine mit heißer Fleischbrühe mischen und den Madeira zufügen. Die Masse mit Salz würzen. Dann die Mischung in einen tiefen Teller gießen, erstarren lassen und in Würfel schneiden. Die Gänseleber in Würfel schneiden.

4 Von den Brioches oben einen Deckel abschneiden und innen aushöhlen. Mit Leberpasteten- und Geleewürfeln füllen und mit je einer Scheibe Trüffel belegen. Mit Petersilie garnieren. Zuletzt den Deckel aufsetzen und servieren.

Zubereitungszeit 20 Minuten
(plus Zeit zum Festwerden des Gelees)
Pro Portion ca. 413 kcal/1733 kJ
20 g E · 5 g F · 52 g KH

Omelett nach Vogesenart

Zutaten für 4 Personen

75 g Schinkenspeck, 100 g Emmentaler, 8 Eier, Salz, Pfeffer, 4 El Sahne, 3 El Butter, 2 El Schnittlauchröllchen

1 Den Schinkenspeck und den Käse in feine Würfel schneiden. Die Eier mit Salz, Pfeffer und Sahne verquirlen.

2 Die Butter in einer großen Pfanne zerlassen und die Eimasse hineingeben.

3 Unter vorsichtigem Rühren die Masse stocken lassen. Dann mit dem Holzspatel zusammenrollen.

4 Das Omelett in vier Teile teilen und mit Schnittlauch bestreut servieren. Dazu knuspriges Baquette reichen.

Zubereitungszeit 20 Minuten

Pro Portion ca. 393 kcal/1649 kJ

27 g E · 31 g F · 2 g KH

Straßburger Weinbergschnecken

Zutaten für 4 Personen

4 Dutzend Weinbergschnecken und Schneckenhäuser, 1 Möhre, 2 Schalotten, 1 Lorbeerblatt, 1 Thymianzweig, 500 ml trockener Elsässer Riesling, Salz, Pfeffer, 1/2 Bund gehackte frische Estragon, 2 Knoblauchzehen, 250 g Butter

1 Die Schnecken gut waschen und abtropfen lassen. Möhre und Schalotten schälen. Möhre und 1 Schalotte würfeln. Die Schnecken mit Möhre, Schalotte, Lorbeer und Thymian in Wein und 500 ml Wasser etwa 20 Minuten garen. Anschließend beiseite stellen.

2 Die zweite Schalotte fein hacken, die Knoblauchzehen schälen und ebenfalls hacken. Estragon, Schalotte und Knoblauch mit der Butter vermengen und mit Salz und Pfeffer würzen. Den Backofen auf 180 °C (Umluft 160 °C) vorheizen.

3 Die Schnecken aus dem Sud nehmen und in die gut gereinigten Schneckenhäuser geben. Etwas Sud zufügen und die Häuser mit der Buttermasse verschließen.

4 Die Schneckenhäuser auf ein gefettetes Backblech legen (Öffnung nach oben) und im Ofen etwa 10 Minuten backen. Mit frischem Baguette servieren.

Zubereitungszeit 25 Minuten
(plus Gar- und Backzeit)
Pro Portion ca. 530 kcal/2226 kJ
8 g E · 53 g F · 5 g KH

Schnecken-Gemüse auf Crêpes

Zutaten für 4 Personen

200 g Mehl, Salz, 6 Eier, 500 ml Milch, 150 g Butter, 2 Möhren, 1 Zucchini, 4 Schalotten, 24 Schnecken (aus der Dose), 100 ml Weißwein, 1 Zwiebel, Pfeffer, 2 Knoblauchzehen, 125 ml Sahne

1 Mehl und Salz mit den Eiern verrühren, die Milch unterrühren. 70 g Butter zerlassen und unter den Teig mischen. Den Teig etwa 1 Stunde ruhen lassen. Anschließend 30 g Butter nach und nach zum Ausbacken dünner Crêpes verwenden.

2 Den Backofen auf 200 °C (Umluft 180 °C) vorheizen. Möhren schälen, Zucchini waschen, Schalotten schälen. Das Gemüse klein würfeln. Etwas Butter in eine Pfanne geben und das Gemüse mit den Schnecken darin 3–5 Minuten andünsten. Mit Wein ablöschen.

3 Die Crêpes auslegen und auf jede 3 Schnecken und etwas Gemüse geben. Die Zwiebel schälen und hacken. Die restliche Butter mit Zwiebel, Salz und Pfeffer verkneten und die Masse auf die Crêpes geben.

4 Die Crêpes dünn zusammenrollen und die Enden etwas hochbiegen. In eine gefettete Auflaufform legen. Die Knoblauchzehen schälen und fein hacken. In einem kleinen Topf den Knoblauch kurz anschmoren, dann mit der Sahne ablöschen. Die Sauce etwas einkochen lassen, dann über die Crêpes gießen. Im Ofen etwa 10 Minuten backen.

Zubereitungszeit 50 Minuten
(plus Ruhezeit)
Pro Portion ca. 838 kcal/3518 kJ
31 g E · 56 g F · 51 g KH

Sauerkrautsuppe

Zutaten für 4 Personen

1 Zwiebel, 1 El Öl, 500 g frisches Sauerkraut, 1 rote Paprikaschote, 2 Kartoffeln, 1 Tl edelsüßes Paprikapulver, 1 Tl scharfes Paprikapulver, 1,25 l Gemüsebrühe, 1 Lorbeerblatt, 2 Nelken, 1 Prise gemahlener Kümmel, 1 El gehackte Petersilie, 2 El Schmand, Salz, Pfeffer

1 Die Zwiebel schälen und hacken. Öl in einer Pfanne erhitzen und die Zwiebel darin andünsten.

2 Sauerkraut abtropfen lassen. Paprikaschote putzen, waschen und würfeln. Kartoffeln schälen, waschen und ebenfalls würfeln. Sauerkraut, Paprika- und Kartoffelwürfel zur Zwiebel geben und mitdünsten.

3 Paprikapulver unter das Gemüse rühren, dann die Gemüsebrühe angießen. Lorbeerblatt, Nelken und Kümmel zugeben und die Suppe abgedeckt etwa 20 Minuten köcheln.

4 Die Suppe mit Schmand und Salz und Pfeffer abschmecken und mit Petersilie bestreut servieren.

Zubereitungszeit 40 Minuten

Pro Portion ca. 167 kcal/703 kJ

5 g E · 6 g F · 21 g KH

Zwiebelsuppe

Zutaten für 4 Personen

5 große Zwiebeln, 2 El Butter, 1 Knoblauchzehe, 1 El Mehl, 1, 25 l Hühnerbrühe, Salz, Pfeffer, 4 Weißbrotscheiben, 125 g frisch geriebener Gruyere

1 Zwiebeln schälen und in Ringe schneiden. Die Butter in einem Topf schmelzen und die Zwiebelringe darin andünsten. Die Knoblauchzehe schälen und dazudrücken.

2 Mehl über die Zwiebeln streuen und unterrühren. Gemüsebrühe erhitzen und zugeben. Mit Salz und Pfeffer würzen und etwa 30 Minuten köcheln.

3 Den Backofen auf 180 °C (Umluft auf 160 °C) vorheizen. Die Weißbrotscheiben toasten und auf 4 feuerfeste Suppentassen verteilen. Die Zwiebelsuppe darüber geben.

4 Die Suppe mit Käse bestreuen und im Backofen etwa 15 Minuten überbacken, bis der Käse geschmolzen ist.

Zubereitungszeit 55 Minuten
Pro Portion ca. 368 kcal/1544 kJ
32 g E · 11 g F · 34 g KH

Taubnesselsuppe

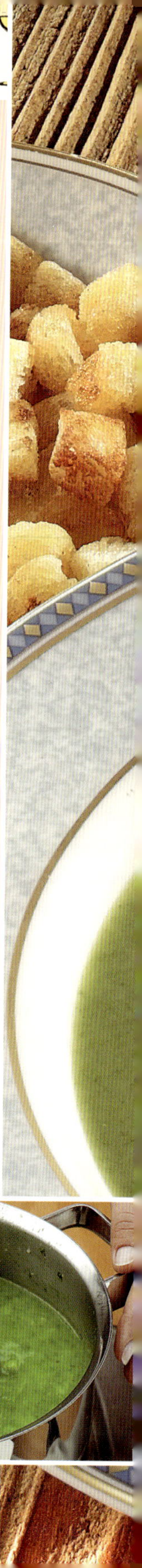

Zutaten für 4 Personen

200 g Taubnesseln, 1 Stange Lauch, 100 g Butter, 2 Kartoffeln, 1 l Gemüsebrühe, Salz, Pfeffer, 250 ml Sahne

1 Die Taubnesseln gründlich verlesen, waschen, gut trockenschütteln und die Stiele entfernen. Die Lauchstange putzen, kreuzweise von oben einschneiden, gründlich unter fließendem Wasser waschen, abtropfen lassen und anschließend in dünne Ringe schneiden.

2 In einem großen Topf 50 g Butter schmelzen und die Taubnesseln sowie die Lauchringe darin unter Rühren etwa 3 Minuten andünsten. Die Kartoffeln waschen, schälen und würfeln. Zum Gemüse in den Topf geben und kurz mit schmoren. Dabei kräftig rühren.

3 Die Gemüse-Kartoffel-Mischung mit der Gemüsebrühe aufgießen und die Suppe mit Salz und Pfeffer würzen. Anschließend abgedeckt bei mittlerer Temperatur etwa 30 Minuten köcheln.

4 Wenn die Kartoffeln weich sind, die Suppe vom Herd nehmen und pürieren. Nach Geschmack mit Sahne und restlicher Butter verfeinern.

5 Die Taubnesselsuppe nach Geschmack mit frisch gerösteten Weißbrot-Croutons servieren.

Zubereitungszeit 15 Minuten
(plus Garzeit)
Pro Portion ca. 350 kcal/1470 kJ
7 g E · 30 g F · 14 g KH

Gemüse und Kartoffeln

Löwenzahnsalat mit Speck

Zutaten für 4 Personen

500 g junger Löwenzahn, 3 Frühlingszwiebeln, Salz, Pfeffer, 150 g geräucherter Speck, 1 El Öl, 3 El Weißweinessig

1 Den Löwenzahn verlesen, gut waschen und abtropfen lassen. Die Zwiebeln schälen und hacken.

2 Den Speck in feine Würfel schneiden und in einer Pfanne knusprig backen.

3 Aus Öl, Essig, Zwiebel, Salz und Pfeffer ein Salatdressing bereiten. Löwenzahn und gebratenen Speck in eine Salatschüssel geben und mit dem Dressing übergießen. Den Salat mit frischem Baquette servieren.

Zubereitungszeit 15 Minuten
(plus Schmorzeit)
Pro Portion ca. 160 kcal/673 kJ
10 g E · 7 g F · 14 g KH

Artischockensalat mit Krebsschwänzen

Zutaten für 4 Personen

1 Fenchelknolle, 2 Karotten, 1 rote Paprikaschote, 100 g Champignons, 10 Artischockenherzen aus dem Glas, 3 El Mayonnaise, 1 El Tomatenmark, 100 ml Fischfond, Salz, Pfeffer, 1 Bund gehackter frischer Dill, etwa 20 ausgelöste gekochte Flusskrebsschwänze

1 Den Fenchel, die Karotten, die Paprikaschote putzen, waschen und in Streifen schneiden. Die Champignons putzen, feucht abreiben und in feine Scheiben schneiden. Die Artischockenherzen abtropfen lassen.

2 Mayonnaise mit Tomatenmark und Fond verrühren, mit Salz und Pfeffer abschmecken. Alle vorbereiteten Zutaten auf vier Salatschalen verteilen, die Krebsschwänze darüber legen und mit der Salatsauce begießen. Mit Dill bestreuen und mit Vollkorntoast servieren.

Zubereitungszeit 20 Minuten
Pro Portion ca. 206 kcal/866 kJ
33 g E · 4 g F · 8 g KH

Bibeliskaes

Zutaten für 4 Personen

250 g Magerquark, 250 g Quark (20%), 250 ml süße Sahne, 1 Bund Schnittlauch, 1 Zwiebel, Salz, frisch gemahlener Pfeffer

1 Den Quark durch ein Haarsieb streichen, damit er schön locker wird. Die Sahne steif schlagen, zum Quark hinzufügen und darunter heben.

2 Die Zwiebel schälen und sehr fein hacken. Den Schnittlauch waschen, trockenschütteln, ebenfalls sehr fein schneiden. Zwiebel und Schnittlauch unter den Quark heben, anschließend mit Salz und frisch gemahlenem Pfeffer abschmecken.

3 Anstatt Schnittlauch kann man auch Kräuter der Saison wie z.B. Kerbel oder Borretsch fein hacken und unter den Quark geben.

Zubereitungszeit 15 Minuten

Pro Portion ca. 298 kcal/1250 kJ

17 g E · 22 g F · 8 g KH

Elsässer Wurstsalat

Zutaten für 4 Personen

2 Eier, 400 g grobe Lyoner, 1 Zwiebel, 2 Tomaten, 4 Blätter Kopfsalat, 3 El Weißweinessig, 3 El Walnussöl, 1 Tl Senf, Salz, Pfeffer, 2 El gehackte frische Petersilie

1 Die Eier in 10 Minuten hart kochen. Aus dem Topf nehmen, abschrecken und abkühlen lassen. Die Lyoner in Scheiben schneiden. Die Salatblätter waschen, trockenschütteln.

2 Die Tomaten waschen, von den Stielansätzen befreien und vierteln. Die Zwiebel schälen und hacken.

3 Aus Essig, Öl, Senf, Salz und Pfeffer ein Dressing bereiten.

4 Die Salatblätter auf vier Teller verteilen. Die Eier pellen und halbieren, anschließend auf jeden Teller ein halbes Ei legen. Dann die Tomatenviertel, gehackte Zwiebel und die Wurstscheiben darauf verteilen. Mit Dressing überziehen und mit Petersilie bestreuen.

Zubereitungszeit 15 Minuten
(plus Kochzeit)
Pro Portion ca. 383 kcal/1607 kJ
18 g E · 34 g F · 3 g KH

Kachelmues

Zutaten für 4 Personen

4 Eier, 1 kg Zwiebeln, 75 g Butter, Salz, Pfeffer, 1/4 Tl Cayennepfeffer, 1/2 Tl gemahlener Kreuzkümmel, 1 El Mehl, 100 ml Gemüsebrühe, 150 ml Sahne, 1/2 Bund Petersilie

1 Die Eier in etwa 10 Minuten hart kochen, dann aus dem Wasser nehmen, unter kaltem Wasser abschrecken und abkühlen lassen. Die erkalteten Eier pellen.

2 Die Zwiebeln schälen und hacken. Die Butter in einer großen Kasserolle schmelzen und die Zwiebeln darin unter Rühren glasig andünsten. Mit Salz, Pfeffer, Cayennepfeffer und Kümmel pikant würzen.

3 Das Mehl über die Zwiebeln streuen, dann die Gemüsebrühe unter Rühren darüber geben. Anschließend die Sahne zufügen. Die Mischung einige Minuten köcheln lassen, bis die Flüssigkeit etwas eingekocht und die Suppe nicht mehr zu flüssig ist.

4 Die Eier in Scheiben schneiden. Die Petersilie waschen, trockenschütteln und fein hacken.

5 Das Kachelmues auf Teller verteilen und mit Eierscheiben und Petersilie garniert servieren. Dazu frische Pellkartoffeln reichen.

Zubereitungszeit 20 Minuten
(plus Schmorzeit)
Pro Portion ca. 420 kcal/1764 kJ
12 g E · 35 g F · 15 g KH

Elsässer Bauernomelett

Zutaten für 4 Personen

150 g Fleischwurst, 1 El Butterschmalz, 1 Kartoffel, 1 Bund Lauchzwiebeln, 8 Eier, Salz, Pfeffer, 50 g Gruyere, 1/2 Bund Schnittlauch, 1 El Öl

1 Den Backofen auf 220 °C (Umluft 200 °C) vorheizen. Die Fleischwurst in Würfel schneiden und in einer Pfanne im heißen Butterschmalz anrösten. Die Kartoffel waschen, schälen und würfeln. Die Lauchzwiebeln waschen, trockenschütteln und in feine Ringe schneiden.

2 Die Wurst aus der Pfanne nehmen und die Kartoffel sowie Lauchzwiebeln in dem Fett gar schmoren.

3 Die Eier in einer Schüssel verrühren und würzen. Den Käse reiben, den Schnittlauch waschen, trockenschütteln und hacken. Alles zu den Eiern geben, dann die Kartoffel, Zwiebel und Wurst unterheben.

4 Eine Pfanne einfetten und die Eimasse darin stocken lassen. Dann bei geöffneter Tür in den Ofen stellen und etwa 5 Minuten backen. Das Omelett sofort servieren.

Zubereitungszeit 20 Minuten
(plus Schmor- und Backzeit)
Pro Portion ca. 398 kcal/1670 kJ
25 g E · 29 g F · 9 g KH

Rotkohl mit Maronen

Zutaten für 4 Personen

1 Rotkohl (ca. 800 g), 1 Prise Zucker, 3 El Rotweinessig, Salz, 100 g Dörrfleisch, 1 El Öl, 1 Zwiebel, 200 ml Rotwein, 200 ml Rinderbrühe, 1/8 Tl gemahlene Muskatnuss, 1/8 Tl Nelkenpulver, Pfeffer, 500 g Maronen (a. d. Glas)

1 Den Kohl waschen, den harten Strunk entfernen und die Kohlblätter in Streifen schneiden. Mit Zucker, Essig und Salz in einer Schüssel mischen und 3 Stunden marinieren lassen.

2 Inzwischen das Dörrfleisch würfeln. Die Zwiebel schälen und hacken. Den Backofen auf 160 °C (Umluft 140 °C) vorheizen.

3 Dörrfleisch in einer Pfanne knusprig braten, evenuell etwas Fett zugeben. Dann herausnehmen und in dem Fett die Zwiebel andünsten. Den Kohl zugeben und etwa 10 Minuten bei geringer Temperatur und geschlossenem Deckel dünsten.

4 Anschließend Wein, Brühe, Dörrfleisch und Gewürze zugeben und den Kohl im Ofen etwa 1 Stunde 20 Minuten garen. Eventuell noch etwas Brühe aufgießen.

5 Nach Ende dieser Garzeit die abgetropften Maronen untermischen und alles weitere 20 Minuten garen, bis alle Flüssigkeit verkocht und der Kohl schön weich ist.

Zubereitungszeit 25 Minuten
(plus Schmor- und Garzeit)
Pro Portion ca. 353 kcal/1480 kJ
11 g E · 8 g F · 55 g KH

Weiße-Rüben-Eintopf

Zutaten für 4 Personen

3 Zwiebeln, 150 g Butterschmalz, 1 kg weiße Rüben, Salz, Pfeffer, 4 Kasseler Koteletts, 2 Knoblauchwürste, 2 Knoblauchzehen, 250 ml Edelzwicker

1 Die Zwiebeln schälen und in Ringe schneiden. Das Butterschmalz in einem großen Topf erhitzen und die Zwiebelringe darin andünsten. Die Rüben waschen, schälen und in Würfel schneiden. Den Backofen auf 180 °C (Umluft 160 °C) vorheizen.

2 Die Hälfte der Rüben auf den Zwiebeln verteilen, mit Salz und Pfeffer würzen, dann die Kasseler Koteletts und die Wurst darauf legen. Den Knoblauch schälen und dazudrücken. Die restlichen Rüben darüber schichten und den Wein sowie die gleiche Menge Wasser dazugießen.

3 Die Mischung abgedeckt aufkochen lassen, dann im Ofen etwa 1 Stunde 30 Minuten garen. Die Wurst aufschneiden. Den kräftigen Eintopf mit Ofenkartoffeln servieren.

Zubereitungszeit 20 Minuten
(plus Garzeit)
Pro Portion ca. 210 kcal/885 kJ
10 g E · 10 g F · 15 g KH

Gedünsteter Chicorée

Zutaten für 4 Personen

8 mittelgroße Chicoréestauden, 2 El Zitronensaft, 5 El Butter, 1 Tl Honig, 1/4 Tl Salz, 2 El gehackte frische Petersilie

1 Die Chicoréestauden putzen und waschen. In einem großen Topf nebeneinander legen. 60 ml Wasser, Zitronensaft, 3 El Butter, Honig und Salz miteinander verrühren und über den Chicorée gießen.

2 Die Flüssigkeit aufkochen, dann die Temperatur reduzieren und das Gemüse etwa 20 Minuten darin dünsten, bis es weich ist. Dabei den Deckel geschlossen halten. Anschließend aus dem Topf nehmen, die Kochflüssigkeit entfernen.

3 Die restliche Butter in einer Pfanne erhitzen und die Chicoréestauden darin wenden, bis sie schön glänzen. Auf Teller anrichten und mit Petersilie bestreuen. Dazu eine Sauce Bearnaise reichen.

Zubereitungszeit 15 Minuten
(plus Garzeit)
Pro Portion ca. 121 kcal/509 kJ
2 g E · 11 g F · 5 g KH

Wirsingrouladen

Zutaten für 4 Personen

1 Wirsingkopf, 4 dünne Scheiben frische Kalbsleber (à 100 g), Salz, Pfeffer, 2 El Butter, 150 ml Weißwein, 4 cl Cognac, 250 ml Geflügelfond, 1 El Wildfond

1 Den Backofen auf 200 °C (Umluft 180 °C) vorheizen. Vom Wirsingkopf 4 schöne große Blätter aussuchen, die harten Strünke entfernen, die Blätter waschen und in wenig Salzwasser 3 Minuten blanchieren.

2 Die Leber waschen und trockentupfen, Sehnen und Häute entfernen. Die Leber mit Salz und Pfeffer würzen. Je eine Scheibe Leber in ein Wirsingblatt wickeln und mit Küchengarn umwickeln.

3 Einen Bräter mit 1 El Butter einfetten. Die Kohlrouladen hineinlegen und den Bräter in den vorgeheizten Ofen stellen. Die Kohlrouladen etwa 10 Minuten garen. Dann aus dem Ofen und dem Bräter nehmen und auf einer Platte warm stellen.

4 Den Bratfond mit dem Weißwein und dem Cognac ablöschen und zur Hälfte einkochen lassen. Dann Geflügel- und Wildfond zugießen. Die restliche Butter mit dem Schneebesen in die Sauce rühren.

5 Die Kohlrouladen mit der Sauce und frischen Kartoffeln oder Kartoffelpüree servieren.

Tipp: Wenn Sie keine Leber mögen, nehmen Sie stattdessen gemischtes Hackfleisch, das Sie mit Salz, Pfeffer, Majoran und Paprika würzen und mit etwas Paniermehl binden.

Zubereitungszeit 15 Minuten
(plus Garzeit)
Pro Portion ca. 200 kcal/839 kJ
22 g E · 7 g F · 6 g KH

Zwiebelkuchen

Zutaten für 1 Springform

200 g Weizenmehl, 1 Tl Backpulver, 1/2 Tl Salz, 100 g Butter, 500 g Zwiebeln, 5 El Butter, 125 ml Milch, Salz, Pfeffer, 1 El Speisestärke, 100 g Schinkenspeck, 2 Eigelb, 3 El Sahne

1 Mehl und Backpulver miteinander mischen und mit Salz, 3 El Wasser und der Butter mischen. Mit dem Handrührgerät zu einem glatten Teig verkneten. Wenn der Teig noch klebt, für einige Zeit kühl stellen.

2 Den Backofen auf 225 °C (Umluft 200 °C) vorheizen. Den Teig auf einer bemehlten Arbeitsfläche ausrollen und in eine Springform (28 cm Ø) legen. Am Rand etwa 2 cm hochdrücken, Teigboden mit einer Gabel einstechen. Den Teig im Backofen etwa 20 Minuten goldgelb backen.

3 Die Zwiebeln schälen und in Ringe schneiden. Die Butter in einem Topf schmelzen und die Zwiebeln darin andünsten. Milch, Salz und Pfeffer zugeben und etwa 10 Minuten köcheln. Speisestärke mit 1 El Wasser verrühren, zu den Zwiebeln geben und aufkochen lassen. Den Schinkenspeck würfeln. Die Eigelb mit Sahne verquirlen.

4 Speck, Eigelb-Sahne-Mischung zu den Zwiebeln geben und gut verrühren. Die Zwiebelmischung auf dem vorgebackenen Teigboden verteilen und im Ofen bei 180 °C (Umluft 160 °C) weitere 45 Minuten backen.

Zubereitungszeit 30 Minuten
(plus Schmor- und Backzeit)
Pro Stück ca. 170 kcal/714 kJ
5 g E · 10 g F · 15 g KH

Pikante Lauchtarte

Zutaten für 1 Tarteform

250 g Mehl, 5 Eier, 175 g Butter, 1 kg Lauch, 100 ml Sahne, 100 ml Milch, Salz, Pfeffer, 1/2 Tl Muskat, Edelsüßes Paprikapulver nach Geschmack, Fett für die Form

1 Das Mehl in eine Schüssel sieben und in die Mitte eine Mulde drücken. Ein Ei hineinschlagen und vermengen. Anschließend 150 g Butter in Flöckchen, 1 Prise Salz und etwas Wasser zufügen und mit den Händen zu einem glatten Teig kneten. Den Teig anschließend etwa 30 Minuten ruhen lassen.

2 Den Lauch putzen, gründlich waschen und den oberen dunkelgrünen Teil der Blätter entfernen, die Stangen aber nicht zerkleinern. Den Lauch in wenig kochendem Salzwasser 2–3 Minuten blanchieren. Dann abgießen, abtropfen und abkühlen lassen.

3 Die restliche Butter in einer Pfanne schmelzen. Den Lauch darin einige Minuten dünsten. Mit Salz und Pfeffer würzen.

4 Den Backofen auf 180 °C (Umluft 160 °C) vorheizen. Den Mürbeteig etwas größer als die Form ausrollen, in die Form legen und am Rand andrücken. Teigboden mit einer Gabel mehrmals einstechen.

5 Die restlichen Eier mit Sahne und Milch verquirlen und würzen. Die Lauchstangen auf dem Teigboden sternförmig verteilen und die Eiermasse darüber gießen. Die Lauchtarte etwa 30 Minuten backen.

Zubereitungszeit 55 Minuten
(plus Ruhezeit)
Pro Stück ca. 270 kcal/1130 kJ
8 g E · 18 g F · 56 g KH

Lothringische Nocken

Zutaten für 4 Personen

10 Kartoffeln, 125 g Mehl, 2 Eier, Salz, Pfeffer, 1/2 Tl geriebene Muskatnuss, 4 Scheiben Weißbrot, 75 g Butter, 60 ml Milch, 60 ml Sahne

1 Drei Kartoffeln waschen und mit Schale in etwa 20 Minuten weich kochen. Anschließend abgießen, kurz abkühlen lassen, dann pellen und durch die Kartoffelpresse drücken. Die restlichen Kartoffeln waschen, schälen und roh reiben. In einem Tuch ausdrücken.

2 Gekochte und rohe Kartoffelmasse miteinander mischen, dann Mehl und Eier unterrühren und würzen. 2 l Wasser mit Salz zum Kochen bringen. Mit zwei Löffeln aus dem Kartoffelteig längliche Knödel formen und im Wasser 7 Minuten garen. In einem Sieb abtropfen lassen.

3 Das Weißbrot in kleine Würfel schneiden und in der heißen Butter rösten. Mit Sahne und Milch ablöschen. Die Masse über die Knödel geben und sofort servieren. Schmeckt als Hauptgericht mit einem trockenen elsässischen Weißwein.

Zubereitungszeit 25 Minuten
(plus Garzeit)
Pro Portion ca. 465 kcal/1953 kJ
15 g E · 11 g F · 76 g KH

Kartoffel-Trüffel-Gratin

Zutaten für 4 Personen

2 El Olivenöl, 1 kg Kartoffeln, 1 schwarze Trüffel, 125 ml Gemüsebrühe, 125 ml Sahne, 1/2 Bund gehackte frische Petersilie

1 Den Backofen auf 250 °C (Umluft 230 °C) vorheizen.

2 Eine große Auflaufform mit Öl ausstreichen. Die Kartoffeln waschen, schälen und in gleichmäßig dicke Scheiben hobeln.

3 Die Trüffel waschen und in feine Scheiben schneiden. Nun abwechselnd Kartoffel- und Trüffelscheiben überlappend auf dem Boden der Form verteilen. Die Gemüsebrühe mit Sahne mischen und über das Gratin geben.

4 Das Gratin im Ofen etwa 40 Minuten garen. Nach Geschmack mit Petersilie bestreuen und heiß servieren. Als Beilage zu Fleisch- und Fischgerichten reichen.

Zubereitungszeit 30 Minuten
(plus Bratzeit)
Pro Portion ca. 325 kcal/1365 kJ
6 g E · 16 g F · 39 g KH

Fleischgerichte

Baeckeoffe

Zutaten für 4 Personen

400 g Lammschulter ohne Knochen, 400 g Schweinefleisch, 400 g Rinderbrust, 1 Bund Suppengemüse, 2 Schalotten, 1 Knoblauchzehe, 1 Flasche Weißwein, 2 Thymianzweige, Salz, Pfeffer, 1 Lorbeerblatt, 200 g Zwiebeln, 300 g Lauch, 150 g Möhren, 500 g Kartoffeln, 50 g Butterschmalz, 100 g Mehl

1 Alle Fleischsorten in Stücke von je etwa 100 g schneiden. Das Suppengemüse putzen, waschen und klein schneiden. Die Schalotten und die Knoblauchzehe schälen und fein hacken.

2 Das Suppengemüse, Schalotten und Knoblauch in einer großen Schüssel mit dem Wein, Thymian, Lorbeer, Salz und Pfeffer mischen und das Fleisch darin über Nacht marinieren.

3 Den Backofen auf 180 °C (Umluft 160 °C) vorheizen. Die Zwiebeln schälen, den Lauch putzen, waschen und in Ringe schneiden. Die Möhren und die Kartoffeln schälen, waschen und in Scheiben schneiden.

4 Das Fleisch aus der Marinade nehmen und abtropfen lassen. Die Marinade aufbewahren. Einen großen Schmortopf aus Steingut mit Butterschmalz einfetten.

5 Zuerst eine Lage Gemüse und Kartoffeln einschichten und mit etwas Mehl bestäuben. Dann die verschiedenen Fleischsorten nebeneinander darauf legen. Darauf wieder Gemüse und Kartoffeln schichten und mit Mehl bestäuben. Die Marinade darüber gießen. Den Schmortopf verschließen und alles 1 Stunde 30 Minuten im Ofen garen.

Zubereitungszeit 40 Minuten
(plus Marinier- und Backzeit)
Pro Portion ca. 680 kcal/2856 kJ
76 g E · 28 g F · 30 g KH

Leberknödel

Zutaten für 4 Personen

325 g Schweineleber, 125 g durchwachsener Speck, 1 Zwiebel, 150 g Paniermehl, 2 Eier, Salz Pfeffer, 1/2 Tl Majoran, 1/2 Bund gehackte frische Petersilie

1 Die Leber waschen, trockentupfen und klein schneiden, den Speck ebenfalls in kleine Stücke schneiden. Beide ganz fein hacken. Die Zwiebel schälen und ebenfalls hacken.

2 Den Fleischteig mit dem Paniermehl und den Eiern vermengen und mit Salz, Pfeffer, Majoran und Petersilie würzen.

3 In einem großen Topf Wasser zum Kochen bringen. Aus dem Fleischteig Golfball große Klöße formen und im kochenden Wasser garen lassen. Sie sind fertig, wenn sie an die Wasseroberfläche kommen.

4 Knödel aus dem Wasser heben und abtropfen lassen. Die Leberknödel mit frischem Sauerkraut und Kartoffelbrei servieren.

Zubereitungszeit 20 Minuten
(plus Garzeit)
Pro Portion ca. 328 kcal/1376 kJ
29 g E · 9 g F · 31 g KH

Nierenspieß Elsässer Art

Zutaten für 4 Personen

2 Kalbsnieren, 500 ml Milch, 8 frische Rosmarinzweige, Salz, Pfeffer, 2 El Butter, 2 El Öl, 10 cl Cognac, 100 ml Weißwein, 2 Tl scharfer Senf, 200 g Crème double

1 Die Nieren längs aufschneiden und säubern. Unter kaltem Wasser waschen und trockentupfen. In eine Schüssel legen und mit der Milch übergießen. 15 Minuten ziehen lassen.

2 Die Rosmarinzweige waschen, trockenschütteln und auf 14 cm Länge kürzen. Die Nadeln bis auf die an der Spitze abstreifen. Die Zweige am unteren Ende mit einem Messer anspitzen.

3 Die Nieren aus der Milch nehmen, abtupfen und in ca. 1,5 cm breite Stücke schneiden. Nierenstücke auf die Rosmarinzweige stecken und mit Salz und Pfeffer würzen.

4 In je einer Pfanne je 1 El Butter und Öl erhitzen und die Nierenspieße darin von allen Seiten gut anbraten. Den Cognac dazugießen und anzünden. Die flambierten Spieße aus den Pfannen nehmen und warm stellen.

5 Die Bratensäfte zusammengießen, den Wein zugeben und etwas einkochen lassen. Senf und Crème fraîche unterrühren und die Sauce mit Salz und Pfeffer abschmecken. Nierenspieße mit Sauce und Herzoginkartoffeln servieren.

Zubereitungszeit 35 Minuten
(plus Marinierzeit)
Pro Portion ca. 345 kcal/1449 kJ
16 g E · 27 g F · 9 g KH

Ochsenschwanz mit Senfkruste

Zutaten für 4 Personen

2 Ochsenschwänze, Salz, Pfeffer, 4 El Butterschmalz, 1 Bund Suppengemüse, 2 Knoblauchzehen, 1 El Tomatenmark, je 1/2 Bund Petersilie, Thymian und Estragon, 3 El Mehl, 750 ml trockener Rotwein, 750 ml Rinderbrühe, 2 El körniger Dijonsenf, 150 g Paniermehl

1 Die Ochsenschwänze in mehrere Stücke zerteilen. Mit Salz und Pfeffer würzen. Das Butterschmalz erhitzen und die Ochsenschwanzstücke darin von allen Seiten gut anbraten.

2 Das Suppengemüse putzen, waschen und klein schneiden. Die Knoblauchzehen schälen und fein hacken. Die Kräuter waschen, trockenschütteln und mit Küchengarn zusammenbinden.

3 Das Gemüse und den Knoblauch in den Bräter geben, das Tomatenmark einrühren und die Kräuter zufügen. Die Mischung leicht mit Mehl bestäuben und mit Wein und Fond begießen. Alles abgedeckt 2 Stunden köcheln.

4 Den Backofen auf 200 °C (Umluft 180 °C) vorheizen. Die Ochsenschwanzstücke aus dem Bräter nehmen und mit Küchenpapier abtupfen. Mit Senf bestreichen und in Paniermehl wenden.

5 Die Fleischstücke auf ein Backblech legen und im Ofen weitere 15 Minuten backen, bis eine knusprige Kruste entstanden ist.

6 Die Kräuter aus dem Kochfond nehmen, den Fond pürieren und abschmecken.

Zubereitungszeit 30 Minuten
(plus Schmor-, Gar- und Backzeit)
Pro Portion ca. 310 kcal/1302 kJ
20 g E · 10 g F · 33 g KH

Pot-au-feu

Zutaten für 4 Personen

1 kg Rindfleisch ohne Knochen, 1 kg Suppenknochen, 2 Lorbeerblätter, 3 Pfefferkörner, 1/2 Tl Salz, 1,5 l Fleischbrühe, 2 Zwiebeln, 1 Bund Suppengemüse, 1 Tomate, 2 El Butter, 1 Tl gerebelter Thymian

1 Das Fleisch mit den Suppenknochen, den Lorbeerblättern, Pfeffer und Salz sowie der Fleischbrühe in einem großen Topf zum Kochen bringen. Dann bei geringer Temperatur etwa 2 Stunden 30 Minuten köcheln.

2 Zwiebeln schälen und würfeln. Suppengemüse putzen, waschen und klein schneiden. Die Tomate häuten, von Kernen und Stielansätzen befreien und klein schneiden.

3 Die Butter schmelzen und das Gemüse darin 5 Minuten andünsten. Aus der Pfanne nehmen und ca. 1/2 Stunde vor Ende der Garzeit zum Fleisch geben. Mit Thymian würzen.

4 Wenn das Fleisch weich ist, herausnehmen, abtropfen lassen, in Scheiben schneiden und auf einer Servierplatte anrichten. Das Gemüse dazulegen. Die Suppenknochen entfernen. Die Brühe auf Teller verteilen. Jeder nimmt sich selbst die gewünschte Menge an Fleisch- und Gemüseeinlage.

Zubereitungszeit 30 Minuten
(plus Garzeit)
Pro Portion ca. 448 kcal/1880 kJ
50 g E · 26 g F · 3 g KH

Hackfleischtopf Colmar

Zutaten für 4 Personen

100 g geräucherter Bauchspeck, 1 Zwiebel, 400 g gemischtes Hackfleisch, 200 g Tomatenpüree, 200 ml Rotwein, Salz, Pfeffer, Thymian, 1 El Butter, 500 g Sauerkraut, 100 g frisch geriebener Gruyère

1 Den Backofen auf 200 °C (Umluft 180 °C) vorheizen. Den Bauchspeck würfeln, die Zwiebel schälen und ebenfalls in Würfel schneiden.

2 Den Speck in einer Pfanne auslassen, dann die Zwiebel im Speckfett andünsten. Das Hackfleisch zugeben und unter Rühren gut anbraten. Dann das Tomatenpüree zufügen und mit Wein ablöschen. Mit Salz, Pfeffer und Thymian abschmecken.

3 Einen Bräter einfetten und die Hälfte der Hackfleischmasse hineinschichten, darauf das abgetropfte Sauerkraut verteilen. Als letzte Schicht das restliche Hackfleisch darüber legen.

4 Den Auflauf mit Käse bestreuen und im Ofen etwa 45 Minuten garen. Mit Kartoffelpüree servieren.

Zubereitungszeit 20 Minuten
(plus Garzeit)
Pro Portion ca. 425 kcal/1785 kJ
35 g E · 23 g F · 18 g KH

Choucroute alsacienne

Zutaten für 4 Personen

1,5 kg Sauerkraut, 2 Zwiebeln, 100 g Gänseschmalz, 6 Nelken, 1 Lorbeerblatt, 10 Wacholderbeeren, 1/4 Tl gemahlener Koriander, 250 ml trockener Riesling, 600 g geräucherte Schweineschulter, 400 g geräucherter Schweinebauch, 4–6 Kartoffeln, 4–6 Mettwürstchen, 1 Schweinehaxe

1 Das Sauerkraut waschen, abtropfen lassen und sehr gut ausdrücken. Die Zwiebeln schälen und in Ringe schneiden.

2 Das Schmalz in einem hohen Bräter erhitzen und die Zwiebeln darin andünsten. Dann Sauerkraut, Nelken, Gewürzkörner, Lorbeerblatt und Koriander dazu geben. Den Wein und die Brühe darüber gießen.

3 Schweineschulter, -bauch und Schweinshaxe darauf legen und alles abgedeckt etwa 1 Stunde köcheln. Danach gut umrühren.

4 Die Kartoffeln schälen und auf das Kraut legen und etwa 30 Minuten mitdämpfen. 20 Minuten vor dem Ende der Garzeit die Würstchen in heißem Wasser ziehen lassen.

5 Das Sauerkraut auf einer Platte anrichten. Schweinebauch, Speck und Haxe in Scheiben schneiden und mit Würstchen auf dem Kraut dekorativ anrichten. Die Kartoffeln am Rand verteilen.

Zubereitungszeit 20 Minuten
(plus Garzeit)
Pro Portion ca. 580 kcal/2436 kJ
45 g E · 38 g F · 14 g KH

Schweinemedaillons in Morchelrahm

Zutaten für 4 Personen

50 g getrocknete Morcheln, 700 g Schweinefilet, Salz, Pfeffer, 3 El Mehl, 100 g Butter, 2 cl Sherry, 150 g Crème fraîche, 1/2 Bund Kerbel

1 Die Morcheln über Nacht in Wasser einweichen. Am nächsten Tag abgießen, das Einweichwasser durchsieben und aufbewahren. Das Schweinefilet in gleich große Scheiben schneiden. Mit Salz und Pfeffer würzen und in Mehl wenden.

2 Die Butter in einer Pfanne schmelzen und die Medaillons darin von beiden Seiten anbraten. Morcheln in Scheiben schneiden und zugeben. Die Pfanne abdecken. Fleisch und Pilze etwa 20 Minuten dämpfen, bis die Medaillons auf Druck nicht mehr nachgeben. Aus der Pfanne nehmen und warm stellen.

3 Die Hälfte des Pilzeinweichwassers, Sherry und Crème fraîche zum Bratensaft geben und etwas einkochen lassen. Mit Salz und Pfeffer abschmecken. Den Kerbel waschen, trockenschütteln und hacken. Medaillons mit Sauce und Kerbel servieren.

Zubereitungszeit 30 Minuten
(plus Einweich- und Schmorzeit)
Pro Portion ca. 348 kcal/1460 kJ
42 g E · 17 g F · 5 g KH

Gefüllter Rinderbauch

Zutaten für 6 Personen

1 Rinderbauch (ca. 1,5 kg), auf einer Seite aufgeschnitten, 1 Zwiebel, 5 Scheiben Graubrot, 500 ml Milch, 100 g Butterschmalz, 5 Eier, je 1/2 Bund gehackte frische Petersilie, Schnittlauch und Kerbel, Salz, Pfeffer, gemahlene Muskatnuss, 5 El Zucker, 2 Steckrüben, 2 Kartoffeln, 1 l Hühnerbrühe

1 Den Rinderbauch innen leicht salzen. Die Zwiebel schälen und würfeln. Die Brotscheiben in der heißen Milch einweichen.

2 1 El Butterschmalz in einer Pfanne erhitzen und die Zwiebel darin andünsten. Die Brotscheiben ausdrücken, zu der Zwiebel geben und unterrühren. Die Eier mit den gehackten Kräutern verquirlen und unterrühren, mit Salz, Pfeffer und Muskat abschmecken.

3 Den Backofen auf 200 °C (Umluft 180 °C) vorheizen. Den Rinderbauch mit der Pfannenmischung füllen und zunähen.

4 Das restliche Butterschmalz in einem Bräter erhitzen und den Rinderbauch darin von allen Seiten gut anbraten. Den Zucker zugeben und karamellisieren lassen.

5 Rüben und Kartoffeln waschen, schälen und in Streifen schneiden. Beides zum Fleisch geben, mit der Hühnerbrühe auffüllen. Das Fleisch im Ofen abgedeckt etwa 1 Stunde 30 Minuten schmoren. Dann herausholen und in Scheiben schneiden. Mit dem Gemüse servieren.

Zubereitungszeit 30 Minuten
(plus Schmorzeit)
Pro Portion ca. 490 kcal/2058 kJ
29 g E · 31 g F · 23 g KH

Gebratene Kalbsleber mit Spargel

Zutaten für 4 Personen

20 grüne Spargelstangen, 1 Tl Zucker, 4 Scheiben Kalbsleber, etwa 1 cm dick, Salz, schwarzer Pfeffer, 3 El Mehl, 6 El Butter, 1 El Pflanzenöl, 100 ml Geflügelfond, einige Tropfen Zitronensaft, 1/2 Bund Petersilie

1 Den Spargel waschen und die harten Enden abschneiden. In kochendem Salzwasser mit etwas Zucker etwa 10 Minuten garen. Dann abgießen und beiseite stellen.

2 Die Leber waschen, trockentupfen und mit Salz und Pfeffer würzen. Anschließend in Mehl wenden. 3 El Butter und das Öl in einer gusseisernen Pfanne erhitzen und die Leber darin von jeder Seite etwa 3 Minuten braten. Aus der Pfanne nehmen und warm halten.

3 2 El Butter in einer zweiten Pfanne schmelzen und die Spargelstangen darin weitere 5–8 Minuten dünsten. Ebenfalls warm stellen.

4 Überschüssiges Fett aus der Fleischpfanne entfernen und den Geflügelfond hineingießen. Unter Rühren und bei großer Hitze den Bratensatz loskochen und einkochen lassen, bis die Sauce eine cremige Konsistenz hat.

5 Die restliche Butter unterschlagen und die Sauce mit etwas Zitronensaft aromatisieren. Petersilie waschen, trockenschütteln und hacken. Die Kalbsleber mit Spargel, Sauce und Petersilie auf Tellern anrichten. Dazu passen Salzkartoffeln.

Zubereitungszeit 35 Minuten
(plus Schmorzeit)
Pro Portion ca. 388 kcal/1628 kJ
40 g E · 14 g F · 25 g KH

Wild und Geflügel

Hasenterrine

Zutaten für 1 Terrine

4 ausgelöste Hasenrückenfilets, Salz, Pfeffer, 1 Tl edelsüßes Paprikapulver, 1 Tl gemahlener Koriander, 1 Tl Kräuter der Provence, 250 ml Cognac, 4 ausgelöste Hasenvorderläufe, 100 g fetter Speck, 100 ml Sahne, 1 Ei, 1 Tl Pastetengewürz, 4 große dünne Scheiben fetter Speck, 1 El grüne Pfefferkörner, 1 Gänseleber, 2 Lorbeerblätter, 5 Wacholderbeeren

1 Das Fleisch von Häuten und Sehnen befreien. Mit Salz, Pfeffer, Paprika, Koriander, Kräutern der Provence einreiben und in Cognac einlegen. Über Nacht marinieren lassen.

2 Den Backofen auf 100 °C (Umluft 80 °C) vorheizen. Die Vorderläufe mit fettem Speck und Sahne fein pürieren und mit Ei, Salz und Pastetengewürz mischen. Eine Terrine bis über den Rand mit den Speckscheiben auslegen, etwas Fleischpüree darauf verteilen. Mit Pfefferkörnern belegen.

3 Die Filets aus der Marinade nehmen, abtropfen lassen und auf das Püree legen. Die Gänseleber waschen, trockentupfen und in Streifen schneiden. Auf die Filets legen, Pfefferkörner darüber geben und mit restlichem Fleischpüree bedecken.

4 Die Terrine mit den überhängenden Speckscheiben abdecken und mit Lorbeerblättern und Wacholderbeeren belegen. Die Terrine im Wasserbad im Ofen etwa 1 Stunde 30 Minuten garen. Danach mit einem Brett beschweren und abkühlen lassen. Vor dem Servieren noch etwa 2 Tage in den Kühlschrank stellen.

Zubereitungszeit 35 Minuten
(plus Marinier-, Gar- und Kühlzeit)
Pro Portion ca. 403 kcal/1691 kJ
55 g E · 18 g F · 3 g KH

Kaninchenrücken in Calvadosrahm

Zutaten für 4 Personen

1 Kaninchenrücken, küchenfertig (ca. 800 g), 100 g Räucherspeck, Salz, Pfeffer, 3 Zwiebeln, 1 Bund Suppengemüse, je 1 Thymian- und Rosmarinzweig, 1 Lorbeerblatt, 1 El Öl, Saft von 1/2 Zitrone, 200 ml trockener Weißwein, 50 g Butter, 4 cl Calvados, 200 ml Sahne, 2 El Sahnemeerrettich

1 Den Kaninchenrücken an der Oberseite mit einem Messer mehrmals einschneiden. Den Speck in Streifen schneiden und den Hasenrücken damit spicken. Mit Salz und Pfeffer würzen.

2 Die Zwiebeln schälen und fein würfeln. Das Suppengemüse putzen, waschen und in dünne Scheiben schneiden. Fleisch mit Zwiebeln, Suppengemüse, Kräutern, Öl, Zitronensaft und Wein 3 Stunden marinieren.

3 Backofen auf 200 °C (Umluft 180 °C) vorheizen. Kaninchen aus der Marinade nehmen und trockentupfen. Mit Butter bestreichen, in einen Bräter legen und im Ofen etwa 25 Minuten braten.

4 Das Fleisch aus dem Bräter nehmen und warm stellen. Das überschüssige Fett aus dem Bratensaft abgießen, dann den Bratensatz mit Calvados und Sahne ablöschen und unter Rühren vom Boden lösen. Den Meerrettich einrühren und die Sauce etwas einkochen lassen. Sauce mit Salz und Pfeffer abschmecken. Das Fleisch mit der Sauce servieren.

Zubereitungszeit 25 Minuten
(plus Marinier- und Bratzeit)
Pro Portion ca. 493 kcal/2069 kJ
35 g E · 32 g F · 6 g KH

Lamm mit Kräuterkruste

Zutaten für 4 Personen

1 kg Lammrücken, Salz, Pfeffer, 3 El Butterschmalz, 500 ml Rotwein, je 1/2 Bund Petersilie, Kerbel, Thymian, 2 El Paniermehl, 4 Knoblauchzehen, 3 El Öl

1 Den Backofen auf 180 °C (Umluft 160 °C) vorheizen. Den Lammrücken mit Salz und Pfeffer einreiben. Das Butterschmalz in einem großen Bräter erhitzen und das Fleisch darin von allen Seiten gut anbraten.

2 Den Wein zum Fleisch geben und kurz aufkochen. Dann den Lammrücken im Ofen etwa 1 Stunde 15 Minuten garen. Gelegentlich mit Bratensaft übergießen. Bei Bedarf Wasser zugeben.

3 Inzwischen die Kräuter waschen, trockenschütteln und fein hacken. Mit dem Paniermehl vermischen. Die Knoblauchzehen schälen und fein gehackt unter die Kräutermischung geben. Zuletzt das Öl unterrühren und alles mit Salz und Pfeffer würzen.

4 Nach Ende der Garzeit den Bräter aus dem Ofen nehmen und das Fleisch dick mit der Kräuterpaste bestreichen. Das Fleisch erneut in den Ofen stellen und backen, bis die Kruste goldgelb ist.

5 Fleisch aus dem Bräter nehmen und warm stellen. Den Bratensaft mit etwas Wasser oder Wein loskochen und mit Salz und Pfeffer abschmecken. Den Lammrücken mit Kroketten und grünen Bohnen servieren.

Zubereitungszeit 25 Minuten
(plus Schmor- und Garzeit)
Pro Portion ca. 503 kcal/2111 kJ
72 g E · 22 g F · 2 g KH

Coq au Riesling

Zutaten für 4 Personen

1 küchenfertiges Hühnchen, ca. 1,5 kg, 3 El Mehl, Salz, Pfeffer, 2 El Rapsöl, 200 g Butter, 250 g Champignons, 100 g durchwachsener Speck, 1 Glas Perlzwiebeln (ca. 200 g), 350 ml Riesling, 1 l Geflügelbrühe, 250 ml Sahne, 1/2 Tl gemahlene Muskatnuss

1 Das Hühnchen in 8 Teile teilen. Die Teile salzen, pfeffern und in Mehl wälzen. Das Öl in einer großen Pfanne erhitzen, 2 El Butter zugeben und die Hühnchenteile darin goldgelb anbraten.

2 Die Pilze putzen, feucht abreiben, den Speck würfeln. Beides in 50 g Butter in einer Pfanne etwa 5 Minuten zusammen mit den abgetropften Perlzwiebeln schmoren und mit Salz und Pfeffer würzen. Wein und Geflügelbrühe angießen.

3 Die Hühnchenteile zur Pilz-Zwiebel-Mischung geben und alles etwa 30 Minuten köcheln. Dann die Hühnchenteile herausnehmen und warm stellen.

4 Den Bratenfond etwas einkochen lassen, dann die Sahne unterrühren. Erneut etwas einkochen, dann die restliche Butter unter starkem Rühren hinzugeben.

5 Die Sauce mit Salz, Pfeffer und Muskatnuss abschmecken. Hühnchenteile wieder in die Sauce geben und servieren. Dazu schmecken Nudeln.

Zubereitungszeit 30 Minuten
(plus Schmor- und Garzeit)
Pro Portion ca. 550 kcal/2310 kJ
39 g E · 37 g F · 14 g KH

Wachteln mit Kraut

Zutaten für 4 Personen

1 kg frisches Sauerkraut, 1/2 Tl Kümmel, 2 Zwiebeln, 2 El Butterschmalz, 2 kleine Äpfel, 250 ml Weißwein, 500 ml Kalbsfond, 20 Wacholderbeeren, 10 Pfefferkörner, 4 küchenfertige Wachteln, 4 Scheiben Räucherspeck, 125 g Schinkenspeck in Scheiben

1 Das Sauerkraut mit dem Kümmel mischen. Die Zwiebeln schälen und hacken. Das Butterschmalz in einem Bräter erhitzen und die Zwiebeln darin andünsten. Die Äpfel schälen, vierteln und von den Kerngehäusen befreien.

2 Äpfel und Sauerkraut in den Bräter geben. Weißwein, Kalbsfond und Gewürzkörner zugeben und alles abgedeckt etwa 1 Stunde 15 Minuten köcheln. Die Wachteln waschen und trockentupfen und mit den Räucherspeckscheiben umwickeln.

3 Kurz vor Ende der Garzeit die Hälfte des Krauts aus dem Topf nehmen, die Schinkenspeckscheiben hineinlegen und die Wachteln darauf legen. Das restliche Kraut wieder einfüllen und alles eine weitere Stunde schmoren.

Zubereitungszeit 20 Minuten
(plus Schmor- und Garzeit)
Pro Portion ca. 490 kcal/2058 kJ
49 g E · 24 g F · 17 g KH

Rehrücken mit roter Senfsauce

Zutaten für 4 Personen

1 Rehrücken mit Knochen (ca. 1,5 kg), Salz, Pfeffer, 3 El Butterschmalz, 1 Bund Suppengemüse, 2 Schalotten, 1 Kräutersträußchen, 5 grüne Pfefferkörner, 1 Bund Estragon, 250 ml trockener Weißwein, 500 ml Wildbrühe, 2 Tl Preiselbeergelee, 100 ml Himbeeressig, 3 El Senffrüchte

1 Das Fleisch mit Salz und Pfeffer einreiben. Das Butterschmalz in einem Bräter erhitzen und das Fleisch darin von allen Seiten gut anbraten.

2 Das Suppengemüse putzen, waschen und klein schneiden. Zum Fleisch geben und alles 20 Minuten schmoren lassen. Dann den Rehrücken aus dem Bräter nehmen und warm stellen.

3 Die Schalotten schälen und würfeln. Kräutersträußchen und Estragon waschen und trockenschütteln. Estragon fein hacken. Schalotten, Kräutersträußchen, grünen Pfeffer und Estragon in den Bratenfond geben und aufkochen. Mit Wein ablöschen und etwas einkochen lassen. Mit der Wildbrühe auffüllen, weitere 5 Minuten köcheln und durch ein Sieb streichen.

4 Das Preiselbeergelee in einem Topf karamellisieren lassen, den Himbeeressig einrühren und die Senffrüchte hinzufügen. Die Mischung verrühren, aufkochen und mit Salz und Pfeffer abschmecken. Die Senfsauce mit der Bratensauce verrühren.

5 Den Rehrücken aufschneiden und mit Spätzle oder Elsässer Nocken und roter Senfsauce servieren.

Zubereitungszeit 25 Minuten
(plus Schmor- und Kochzeit)
Pro Portion ca. 413 kcal/1733 kJ
68 g E · 14 g F · 2 g KH

Fischgerichte

Matelot

Zutaten für 4 Personen

500 g Zanderfilet, 600 g gehäuteter Aal, 500 g Forellenfilet, 350 g Karpfenfilet, 2 Schalotten, 1 Lauchstange, 200 g Butter, 400 ml Edelzwicker, 750 ml Fischfond, 1 Knoblauchzehe, Salz, Pfeffer, 200 g Champignons, 60 g Mehl, 200 ml Sahne, Saft von 1/2 Zitrone, 3 El gehackte Petersilie, 3 El gehackter Dill

1 Den Fisch in größere Stücke schneiden. Schalotten schälen und hacken, den Lauch putzen, waschen und in Ringe schneiden. 2 El Butter in einem großen Topf erhitzen, Schalotten und Lauch darin andünsten. Wein und Fond zugießen, Knoblauch schälen und dazudrücken. Aufkochen, mit Salz und Pfeffer würzen.

2 Zuerst die Aalstücke in den Topf geben, 5 Minuten ziehen lassen, dann die Karpfen zufügen und wenn die Flüssigkeit wieder zu kochen beginnt, die restlichen Fischstücke. Nach dem Aufkochen den Topf abgedeckt 20 Minuten ziehen lassen. Den Topf vorher vom Herd nehmen.

3 Die Pilze putzen und feucht abreiben. 2 El Butter erhitzen und die Champignons darin andünsten. Salzen und pfeffern. Fischtopf abgießen, den Kochsud aufbewahren.

4 4 El Butter in einem Topf schmelzen und eine Mehlschwitze herstellen. Mit Fischsud und Sahne ablöschen und sämig werden lassen. Die restliche kalte Butter mit dem Schneebesen einrühren, bis die Sauce andickt. Mit Zitronensaft verfeinern, die Pilze mit Bratensaft unterrühren.

5 Die Fischstücke auf Teller verteilen und mit der Sauce überziehen. Mit Kräuter bestreut servieren.

Zubereitungszeit 30 Minuten
(plus Gar- und Schmorzeit)
Pro Portion ca. 1001 kcal/4221 kJ
93 g E · 62 g F · 17 g KH

Forellen mit Mandeln

Zutaten für 4 Personen

4 küchenfertige Forellen, Milch, Salz, Pfeffer, 2 El Weizenmehl, 100 g Butter, 50 g gehackte Mandeln, 1 Zitrone, 2 El gehackte frische Petersilie

1 Die Forellen gut waschen und trockenreiben. Anschließend durch die Milch ziehen und innen und außen mit Salz und Pfeffer einreiben. Fische im Mehl wenden.

2 50 g Butter in einer großen Pfanne zerlassen und die Fische darin von beiden Seiten je 7 Minuten braten. Vorsichtig aus der Pfanne nehmen und warm stellen.

3 Die restliche Butter in einer zweiten Pfanne schmelzen und die gehackten Mandeln darin goldgelb rösten. Die Fische mit den Mandeln überziehen.

4 Die Zitrone heiß waschen und in Scheiben schneiden. Die Fische mit je einer Zitronenscheibe belegen und mit Petersilie bestreut servieren. Dazu Salzkartoffeln und grünen Salat reichen.

Zubereitungszeit 30 Minuten
Pro Portion ca. 308 kcal/1292 kJ
34 g E · 16 g F · 5 g KH

Gefüllter Karpfen

Zutaten für 4 Personen

50 g Fischfilet (z.B. Seelachs), 1 Ei, 50 g Crème fraîche, Salz, Pfeffer, 1 Prise Muskat, 1 El gehackter frischer Kerbel, 1 küchenfertiger Karpfen, Saft von 1/2 Zitrone, 6 El Butter, 1 El Mehl, 100 ml Sahne, 75 ml Weißwein, 75 ml Fischfond

1 Den Backofen auf 200 °C (Umluft 180 °C) vorheizen. Das Fischfilet pürieren und mit Ei, Crème fraîche und den Gewürzen sowie Kerbel vermischen und pikant abschmecken.

2 Den Karpfen waschen, trockentupfen und mit Zitronensaft beträufeln. Die Füllung hineingeben und den Fisch mit Küchengarn zunähen. Eine Auflaufform mit 2 El Butter einstreichen und den Fisch hineinlegen. Im Ofen etwa 20 Minuten garen.

3 Inzwischen für die Sauce die restliche Butter schmelzen und das Mehl darin anschwitzen. Sahne, Wein und Fischfond hinzufügen und unter Rühren sämig werden lassen. Mit Salz und Pfeffer abschmecken.

4 Den fertig gegarten Karpfen auf einer Platte anrichten. Die Sauce darüber gießen und mit Pellkartoffeln servieren.

Zubereitungszeit 20 Minuten
(plus Garzeit)
Pro Portion ca. 255 kcal/1071 kJ
12 g E · 21 g F · 3 g KH

Fischtopf Königsbourg

Zutaten für 4 Personen

500 g Zanderfilet, 600 g Aal, 500 g Hechtfilet, 350 g Forellenfilet, 2 Zwiebeln, 200 g Butter, 400 ml Riesling, 750 ml Fischfond, 1 Knoblauchzehe, Salz, Pfeffer, 200 g Champignons, 60 g Mehl, 200 ml Sahne, Saft von 1/2 Zitrone, 2 El Petersilie

1 Den Fisch in Stücke schneiden. Die Zwiebeln schälen und hacken, Lauch putzen, waschen und in Ringe schneiden. 2 El Butter in einem großen Topf erhitzen und Zwiebeln sowie Lauch darin andünsten. Wein und Fond zugießen und alles aufkochen. Knoblauch schälen und dazudrücken. Mit Salz und Pfeffer würzen.

2 Zuerst die Aalstücke in den Topf geben, 5 Minuten ziehen lassen, dann den Hecht zufügen und wenn die Flüssigkeit wieder zu kochen beginnt, die restlichen Fischstücke folgen lassen. Nach dem Aufkochen alles abgedeckt 20 Minuten ziehen lassen. Den Topf vorher vom Herd nehmen.

3 Die Pilze putzen und feucht abreiben. 2 El Butter erhitzen und die Champignons darin andünsten. Salzen und pfeffern. Den Fisch abgießen und warm stellen. Den Kochsud aufbewahren.

4 35 g Butter in einem Topf schmelzen und das Mehl hineinsieben. Unter Rühren eine Mehlschwitze herstellen. Mit Fischsud und Sahne ablöschen und sämig einkochen. Mit Salz und Pfeffer abschmecken. Die restliche kalte Butter mit dem Schneebesen einrühren, bis die Sauce andickt. Mit Zitronensaft verfeinern, die Pilze mit Bratensaft unterrühren.

5 Den Fisch mit der Sauce überziehen und mit Petersilie bestreut servieren. Dazu Petersilien-Kartoffeln reichen.

Zubereitungszeit 30 Minuten
(plus Gar- und Schmorzeit)
Pro Portion ca. 990 kcal/4158 kJ
93 g E · 62 g F · 17 g KH

Zanderfilet mit Dillsauce

Zutaten für 4 Personen

1 Schalotte, 200 ml trockener Weißwein, 200 ml Sahne, 1 Bund gehackter frischer Dill, 100 g Butter, 2 El Distelöl, 4 Zanderfilets, Salz, Pfeffer

1 Die Schalotte schälen und hacken. Mit dem Wein in einen Topf geben und köcheln, bis die Flüssigkeit fast vollständig verkocht ist. Die Sahne zugeben und zu einem Drittel einkochen lassen. Dill und 75 g Butter mit einem Schneebesen in die Sauce rühren und mit Salz und Pfeffer würzen. Die Sauce im Wasserbad warm halten.

2 Das Öl und die restliche Butter in einer großen Pfanne erhitzen. Die Fischfilets waschen, trockentupfen und im Fett von beiden Seiten goldbraun backen. Aus der Pfanne nehmen und auf Küchenpapier abtropfen lassen.

3 Die Sauce auf vorgewärmte Teller verteilen und die Fischfilets darauf geben. Dazu Kartoffelgratin reichen.

Zubereitungszeit 30 Minuten
Pro Portion ca. 478 kcal/2005 kJ
31 g E · 38 g F · 3 g KH

Forellen blau nach Elsässer Art

Zutaten für 4 Personen

4 küchenfertige Forellen, 100 ml Weinessig, 3 El ml Weißwein, 1 Tl Salz, 4 El Butter, 4 Tl Kapern

1 Die Fische waschen. Reichlich Wasser in einem Topf mit Essig, Wein und Salz aufkochen, dann die Temperatur reduzieren.

2 Die Fische in das heiße Wasser geben und etwa 15 Minuten darin ziehen, nicht kochen lassen. Inzwischen den Backofen auf 250 °C (Umluft 230 °C) vorheizen.

3 Fische auf vier feuerfeste Teller verteilen und mit der Butter bestreichen. Die Kapern darüber geben. Die Teller kurz in den Backofen stellen. Wenn die Butter zu bräunen beginnt, die Forellen servieren. Dazu frisches Brot und Salat reichen.

Zubereitungszeit 45 Minuten
(plus Garzeit)
Pro Portion ca. 268 kcal/1124 kJ
31 g E · 14 g F · 3 g KH

Steinbeißer in Pinot Noir

Zutaten für 4 Personen

1 Schalotte, 250 ml Rotwein (z.B. Pinot Noir), 120 g Butter, Salz, Pfeffer, 4 Steinbeißerfilets (à 150 g), 12 Austern ohne Schale (Glas), Zitronenachtel und Dill zum Garnieren

1 Die Schalotte schälen und hacken. Den Wein mit der Schalotte in einen Topf geben, einmal aufkochen lassen und unter gelegentlichem Rühren zur Hälfte einkochen lassen. Anschließend die kalte Butter in Flöckchen dazugeben und mit dem Schneebesen einrühren, bis die Sauce sämig wird. Die Sauce mit Salz und Pfeffer würzen und warm stellen.

2 Die Fischfilets waschen, gut trockentupfen und mit Salz und Pfeffer würzen. In einen Dämpftopf geben und darin etwa 4 Minuten garen. Das Filet darf nicht zerfallen.

3 Die Austern in einem Sieb abtropfen lassen und in einem Topf im eigenen Saft kurz erhitzen.

4 Die Sauce auf 4 Teller verteilen, die Fischfilets darauf geben und mit Austern, Zitrone und Dill dekorativ belegen. Dazu passt Reis.

Tipp: Statt der Austern können Sie auch Jakobsmuscheln nehmen. Eine besondere Delikatesse ist es, wenn Sie frische Austern verwenden. Das Aufbrechen der Schalen sollten Sie sich von Ihrem Fischhändler zeigen lassen.

Zubereitungszeit 30 Minuten
Pro Portion ca. 463 kcal/1943 kJ
58 g E · 20 g F · 13 g KH

Frittierter Zander

Zutaten für 4 Personen

4 Zanderfilets, Salz, Pfeffer, 2 Eier, 250 g Mehl, 100 ml helles Bier, 1 Msp. Zucker, 1, 5 l Öl zum Frittieren

1 Die Fischfilets waschen und trockentupfen. Anschließend in fingerdicke Streifen schneiden (ca. 2 x 7 cm). Mit Salz und Pfeffer würzen.

2 Die Eier trennen. Das Mehl mit Eigelb, Bier, Zucker und 1 Prise Salz mischen. Eiweiß steif schlagen und unter den Teig heben.

3 Das Öl in einem großen Topf erhitzen. Die Zanderstücke in den Teig tauchen und portionsweise im heißen Fett goldbraun frittieren.

4 Die Frittüre mit Remouladensauce und Kartoffelsalat servieren.

Zubereitungszeit 15 Minuten
(plus Frittierzeit)
Pro Portion ca. 408 kcal/1712 kJ
39 g E · 6 g F · 46 g KH

Steinbeißer in Bierrahm

Zutaten für 4 Personen

3 El Butterschmalz, 4 Steinbeißerfilets (à 200 g), 250 g Pfifferlinge, 1/2 Bund Frühlingszwiebeln, 200 ml helles Bier, 200 ml Sahne, Salz, Fischgewürz

1 Den Backofen auf 200 °C (Umluft 180 °C) vorheizen. Eine große Form mit dem Schmalz einfetten. Die Fischfilets waschen und trockentupfen. Mit Salz und Pfeffer würzen und in die Form legen.

2 Die Pilze putzen und je nach Größe klein schneiden. Die Frühlingszwiebeln putzen, waschen und streifig schneiden. Pilze und Zwiebelstreifen über den Filets verteilen, das Bier darüber gießen. Alles im Ofen etwa 12 Minuten dünsten.

3 Anschließend die Filets aus der Form nehmen und warm stellen. Den Bratenfond durch ein Sieb in einen Topf gießen, die Sahne unterziehen und etwas einkochen lassen, bis sie sämig ist. Mit Salz und Fischgewürz abschmecken.

4 Fischfilets mit Pilzen und Zwiebelstreifen auf Teller verteilen, die Sauce darüber geben. Dazu passen Nudeln.

Zubereitungszeit 40 Minuten
Pro Portion ca. 380 kcal/1596 kJ
33 g E · 26 g F · 3 g KH

Desserts und Süßspeisen

Rieslingcreme

Zutaten für 4 Personen

400 ml trockener Elsässer Riesling, 8 Eier, 200 g Zucker, 250 ml Sahne

1 Den Wein in eine feuerfeste Metallschüssel geben. Die Eier trennen, Eiweiß anderweitig verwenden.

2 Die Eigelb mit 150 g Zucker verrühren und zum Wein geben, alles gut vermischen.

3 Die Schüssel über einen Topf mit kochendem Wasser stellen (die Schüssel darf das Wasser nicht berühren, sonst gerinnen die Eigelb) und so lange weiter rühren, bis ein dicker Schaum entstanden ist.

4 Die Schüssel aus dem Wasserbad nehmen und die Creme noch so lange weiterrühren, bis sie erkaltet ist.

5 Die Rieslingcreme anschließend für mindestens 2 Stunden kühl stellen. Dann die Sahne steif schlagen und mit dem restlichen Zucker unter die Creme heben.

Tipp: Versuchen Sie diese köstliche Creme auch einmal mit einem Rotwein, zum Beispiel einem Pinot Noir.

Zubereitungszeit 20 Minuten
(plus Kühlzeit)
Pro Portion ca. 578 kcal/2426 kJ
9 g E · 29 g F · 55 g KH

Zimtbeignets

Zutaten für 4 Personen

60 g Butter, 60 g Zucker, 1 El gemahlener Zimt, 100 g Rosinen, 1 Tl abgeriebene Schale von 1 unbehandelten Zitrone, 2 cl Rum, 150 g Mehl, 3 Eier, 500 ml Frittieröl, Puderzucker zum Bestäuben

1 250 ml Wasser mit der Butter, dem Zucker und dem Zimt in einem Topf aufkochen, dann die Temperatur herunterschalten. Die Rosinen heiß überbrühen, abgießen und abtropfen lassen.

2 Rosinen und Zitronenschale unter die Butter-Zucker-Masse rühren und mit dem Rum verfeinern. Das Mehl zugeben und alles mit dem Handrührgerät zu einem glatten geschmeidigen Teig verrühren. Die Masse vom Herd nehmen und etwas abkühlen lassen. Die Eier in einer Schüssel verquirlen und unter den Teig heben.

3 Das Frittieröl in einem großen Topf erhitzen. Mit dem Esslöffel kleine Teighäufchen abstechen und ins Öl geben. Die Beignets etwa 7 Minuten goldbraun frittieren, dann mit einem Schaumlöffel herausheben und auf Küchenpapier abtropfen lassen. Mit Puderzucker bestreuen.

4 Zimtbeignets schmecken pur oder mit Schlagsahne und einer Fruchtsauce nach Wahl.

Zubereitungszeit 25 Minuten
(plus Frittierzeit)
Pro Portion ca. 335 kcal/1407 kJ
7 g E · 15 g F · 39 g KH

Mousse au chocolat

Zutaten für 4 Personen

2 Eier, 4 El Zucker, 250 ml Sahne, 150 g weiße Kuvertüre, 2 El Cognac, 80 g Butter, Puderzucker zum Bestäuben

1 Die Eier trennen. Eigelb mit dem Zucker schaumig rühren, dann 100 ml Sahne zufügen und die Mischung im kochenden Wasserbad etwa 10 Minuten rühren, bis sie andickt. Creme aus dem Bad nehmen und abkühlen lassen.

2 Die Kuvertüre zerkleinern und im Wasserbad unter Rühren schmelzen. Mit dem Cognac mischen. Schokolade aus dem Wasserbad nehmen und die weiche Butter flöckchenweise unterrühren.

3 Sahne-Eier-Creme und Schokoladencreme miteinander mischen und zu einer glatten Masse rühren. Kühl stellen.

4 Die restliche Sahne steif schlagen, ebenso wie das Eiweiß. Zuerst Sahne, dann Eischnee unter die Mousse heben.

5 Die Mousse auf vier Dessertschalen verteilen und zum Festwerden etwa 2 Stunden kühl stellen. Mit Puderzucker bestreut servieren.

Zubereitungszeit 35 Minuten
(plus Kühlzeit)
Pro Portion ca. 610 kcal/2562 kJ
7 g E · 50 g F · 31 g KH

Pfirsichsoufflee

Zutaten für 6 Personen

120 g Zucker, 3 Eier, 75 g Mehl, 350 ml Milch, Mark von 1/2 Vanilleschote, 2 El Pfirsichmus, Butter für die Form, Zucker für die Form

1 Den Backofen auf 180 °C (Umluft 160 °C) vorheizen. Den Zucker in einer Schüssel mit den Eiern und dem Mehl glatt rühren. Die Milch erwärmen, das Vanillemark sowie das Pfirsichmus einrühren und die heiße Milch unter Rühren zur Eimasse geben.

2 Die Masse in einen Topf füllen und unter Rühren erhitzen, bis daraus eine dicke Creme entstanden ist.

3 Eine Souffleeform mit Butter einfetten und mit Zucker ausstreuen. Die Souffleemasse in die Form füllen. Das Soufflee im Ofen etwa 20 Minuten backen, währenddessen die Ofentür nicht öffnen. Soufflee mit einer Sauce nach Wahl servieren.

Zubereitungszeit 25 Minuten
(plus Backzeit)
Pro Portion ca. 240 kcal/1008 kJ
7 g E · 8 g F · 34 g KH

Maronenmousse

Zutaten für 6 Personen

8 Eier, 100 g Zucker, 1 l Milch, 8 Blatt Gelatine, 1 kleine Dose Maronencreme, gesüßt (Fertigprodukt), 4 El Cognac, Maronenbruch (Fertigprodukt), 300 ml Sahne

1 Die Eier trennen, Eiweiß anderweitig verwenden. Eigelb und Zucker schaumig rühren. Die Milch erhitzen.

2 Heiße Milch auf die Eigelbmasse gießen und kräftig rühren. Masse in einen Topf geben und auf dem Herd unter ständigem Rühren erhitzen, nicht kochen. Sobald die Creme beginnt anzudicken, zurück in die Schüssel füllen.

3 Die Gelatine in kaltem Wasser etwa 10 Minuten einweichen, dann ausdrücken und unter 3/4 der Creme rühren, bis sie sich aufgelöst hat. Masse erkalten lassen.

4 Die Maronencreme unter die abgekühlte Creme rühren und mit Cognac aromatisieren. Dann den Maronenbruch unterheben.

5 Die Sahne steif schlagen und mit einem Holzspatel unter die Creme heben. Die Maronenmasse in eine Puddingform füllen und mindestens 5 Stunden kühl stellen. Die Maronenmousse danach auf einen Teller stürzen und mit der restlichen Creme servieren.

Zubereitungszeit 35 Minuten
(plus Kühlzeit)
Pro Portion ca. 493 kcal/2071 kJ
19 g E · 30 g F · 33 g KH

Bavaroise mit Beeren

Zutaten für 4 Personen

1 Fläschchen Vanillearoma, 4 Blatt Gelatine, 250 g Frischkäse, 250 ml Sahne, 4 El Zucker, 250 g Erdbeeren, 250 g Brombeeren

1 Das Vanillearoma mit etwas Wasser in einem Topf erhitzen. Die Gelatine in kaltem Wasser etwa 10 Minuten einweichen, dann ausdrücken und ins Vanillewasser geben. So lange rühren, bis die Gelatine sich vollständig aufgelöst hat.

2 Den Frischkäse hinzufügen und gut unterrühren. Die Masse an einem kühlen Ort ganz abkühlen lassen.

3 Die Sahne mit dem Zucker steif schlagen. Die Brombeeren verlesen. Die Erdbeeren putzen, waschen und klein schneiden.

4 Die Sahne unter die abgekühlte Frischkäsemasse rühren und die Beeren unterheben. Die Masse in eine hohe Form füllen und etwa 4 Stunden im Kühlschrank fest werden lassen.

5 Die Bavaroise stürzen und nach Geschmack mit Himbeer- oder anderen Beerensauce servieren.

Tipp: Die Creme wird noch feiner, wenn Sie einen gehaltvollen Frischkäse, zum Beispiel italienischen Mascarpone verwenden.

Zubereitungszeit 30 Minuten
(plus Kühlzeit)
Pro Portion ca. 448 kcal/1880 kJ
10 g E · 39 g F · 14 g KH

Bibeliskaes-Mousse

Zutaten für 4 Personen

250 g Quark, 100 g Zucker, Mark von 1/2 Vanilleschote, abgeriebene Schale von 1 Zitrone, 250 ml Sahne, 5 Eiweiß

1 Den Quark in einer Schüssel mit 50 g Zucker, dem Vanillemark und der Zitronenschale mischen. Die Sahne steif schlagen und unter den Quark heben.

2 Eiweiß mit dem restlichen Zucker steif schlagen und mit einer Gabel unter die Quarkmasse ziehen.

3 Die Quarkmousse in eine Schüssel geben und über Nacht kühl stellen. Mit Vanille- oder Schokoladensauce servieren.

Zubereitungszeit 15 Minuten
(plus Kühlzeit)
Pro Portion ca. 353 kcal/1481 kJ
15 g E · 19 g F · 30 g KH

Traubenparfait

Zutaten für 4 Personen

150 ml weißer Traubensaft, 150 g Zucker, 4 Eigelb, 250 ml Sahne, 2 Zweige Zitronenmelisse

1 Den Traubensaft mit dem Zucker aufkochen, bis der Zucker sich aufgelöst hat und eine sirupartige Masse entstanden ist.

2 Die Eigelb unter den abgekühlten Traubensirup rühren und so lange schlagen, bis die Masse fest wird.

3 Die Sahne steif schlagen und unterheben. 4 Souffleeförmchen mit der Masse befüllen und mindestens 6 Stunden gefrieren lassen.

4 Zum Servieren Förmchen kurz in heißes Wasser tauchen und stürzen. Mit Zitronenmelisse garnieren.

Zubereitungszeit 15 Minuten
(plus Zeit zum Gefrieren)
Pro Portion ca. 428 kcal/1796 kJ
5 g E · 26 g F · 44 g KH

Backwaren

Birewecke

Zutaten für 1 Brot

10 g Hefe, 100 ml Milch, 150 g Mehl, 25 g Zucker, 1 Prise Salz, 1 Ei, 25 g Butter, je 125 g getrocknete Feigen, Pflaumen, Aprikosen, je 150 g Rosinen und Korinthen, je 20 g gehackte Haselnüsse und ganze Haselnüsse, 50 g gehackte Mandeln, 4 cl Rum, etwas abgeriebene Zitronenschale, 1/2 Tl Zimtpulver, 1 Eigelb

1 Die Hefe in wenig lauwarmem Wasser auflösen, mit Milch und Mehl vermengen. Dann Zucker, Salz und die handwarme Butter zugeben und alles zu einem Teig verarbeiten. 30 Minuten an einem warmen Ort gehen lassen.

2 Die Trockenfrüchte fein hacken. Rosinen und Korinthen heiß abspülen und abtropfen lassen. Den Backofen auf 180 °C (Umluft 160 °C) vorheizen.

3 Trockenfrüchte, Rosinen, Korinthen und die Nüsse in einer Schüssel mischen und mit dem Rum begießen. Zitronenschale und Zimt unterheben. Alles unter den Hefeteig kneten. Diesen zu einem länglichen Laib formen und mit Eigelb bestreichen. Im Ofen etwa 45 Minuten backen.

4 Birewecke in Scheiben schneiden und mit Vanillesauce servieren.

Zubereitungszeit 20 Minuten
(plus Zeit zum Gehen, plus Backzeit)
Pro Stück ca. 198 kcal/832 kJ
4 g E · 5 g F · 31 g KH

Heidelbeerkuchen

Zutaten für 1 Springform

200 g Mehl, 100 g Butter, 1 El Zucker, 1 Prise Salz, 400 g Heidelbeeren, 1 Ei, 250 ml Sahne, 2 El Zucker

1 Den Backofen auf 180 °C (Umluft 160 °C) vorheizen. Mehl, Butter, Zucker und Salz miteinander verrühren und zu einem glatten Teig verkneten. Teig 30 Minuten ruhen lassen.

2 Die Heidelbeeren verlesen, waschen und gut abtropfen lassen.

3 Den Teig ausrollen und in eine Springform (24 cm Ø) legen, die Ränder gut festdrücken. Teig mit einer Gabel mehrmals einstechen.

4 Die Heidelbeeren auf den Teig legen. Das Ei mit Sahne und Zucker verquirlen und über die Beeren geben. Den Kuchen im Ofen etwa 20 Minuten backen. Mit geschlagener Sahne servieren.

Zubereitungszeit 40 Minuten
(plus Ruhezeit)
Pro Stück ca. 200 kcal/843 kJ
3 g E · 14 g F · 15 g KH

Blätterteigtörtchen mit Marzipanäpfeln

Zutaten für 8 Stück

4 Platten TK-Blätterteig, 100 g Mehl, 4 Äpfel, 3 El Zitronensaft, 100 g Marzipanrohmasse, 2 Eiweiß, 1 El Cointreau, Puderzucker zum Bestäuben

1 Den Blätterteig auftauen lassen. Den Backofen auf 200 °C (Umluft 180 °C) vorheizen.

2 Den Blätterteig mit den Kanten überlappend auf einer bemehlten Arbeitsfläche ausrollen. Mit einem großen Glas 8 Kreise von 12 cm Durchmesser ausstechen. Teigkreise auf ein mit Backpapier ausgelegtes Blech legen.

3 Die Äpfel waschen, schälen, von den Kerngehäusen befreien und in Scheiben schneiden. Sofort mit Zitronensaft beträufeln. Die Apfelscheiben fächerförmig auf die Teigkreise legen.

4 Die Marzipanrohmasse mit den Händen weich kneten und mit Eiweiß und Cointreau vermischen. In einen Spritzbeutel füllen und dekorativ auf die Apfelscheiben spritzen.

5 Die Blätterteigtörtchen im Ofen auf der mittleren Schiene etwa 15 Minuten backen, bis die Marzipanmasse goldbraun geworden ist. Die Törtchen abkühlen lassen und mit Puderzucker bestreuen.

Zubereitungszeit 30 Minuten
(plus Backzeit)
Pro Stück ca. 196 kcal/824 kJ
5 g E · 9 g F · 25 g KH

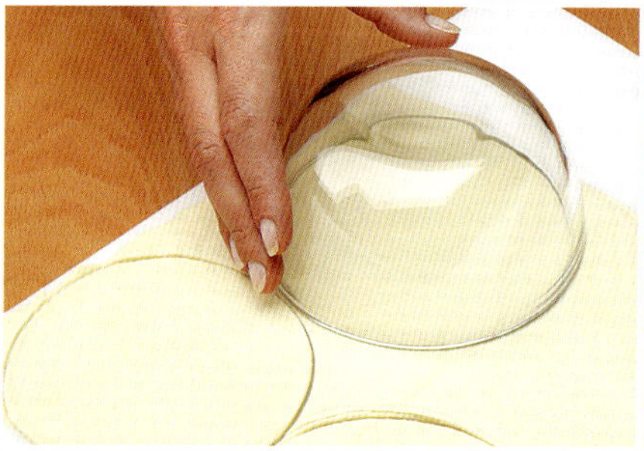

Elsässer Apfeltarte

Zutaten für 1 Springform
250 g Mehl, 3 Eier, 125 g Butter, 125 g Zucker, 1 Prise Salz, 1 kg säuerliche Äpfel, Saft von 1 Zitrone, 100 ml Milch, 100 ml Sahne, 1 Fläschchen Vanillearoma

1 Das Mehl in eine Schüssel sieben, ein Ei hineinschlagen und untermengen. Die weiche Butter, 25 g Zucker, Salz und Wasser nach Bedarf zugeben und alles zu einem glatten Teig verkneten. Nur so viel Wasser einrühren, dass der Teig geschmeidig wird, aber nicht klebt. Den Teig 30 Minuten ruhen lassen.

2 Inzwischen die Äpfel schälen, vierteln und von den Kerngehäusen befreien. Sofort mit Zitronensaft beträufeln. Den Backofen auf 200 °C (Umluft 180 °C) vorheizen.

3 Den Teig ausrollen und in die Backform legen. Einen etwa 3 cm hohen Rand formen, Teig mit einer Gabel mehrmals einstechen.

4 Die Äpfel kreuzweise einschneiden und auf den Teig legen und mit 25 g Zucker bestreuen. Kuchen im Ofen etwa 30 Minuten backen.

5 Inzwischen die restlichen Eier mit dem restlichen Zucker schaumig rühren, dann Milch, Sahne und Vanillearoma zugeben.

6 Nach 30 Minuten den Kuchen aus dem Ofen nehmen, den Guß darüber geben und im Ofen stocken lassen. Den fertigen Kuchen auf einem Kuchengitter abkühlen lassen.

Zubereitungszeit 30 Minuten
(plus Ruhe- und Backzeit)
Pro Stück ca. 285 kcal/1200 kJ
5 g E · 14 g F · 36 g KH

Crêpes Suzette

Zutaten für 4 Personen

125 g Weizenmehl, 2 Eier, 125 ml Milch, 30 g Zucker, 100 g Butter, abgeriebene Schale von 1 unbehandelten Orange, 3 El Orangenkonfitüre, 3 El Orangenlikör

1 Für die Crêpes das Mehl in eine Schüssel sieben. Die Eier mit Milch und 125 ml Wasser verrühren. Nach und nach die Eiermasse in das Mehl rühren und zu einem glatten Teig verrühren.

2 Den Zucker mit 75 g Butter schaumig schlagen, dann Orangenschale und Orangenkonfitüre hinzufügen und alles gut verrühren. Die Orangenbutter beiseite stellen.

3 Etwas Butter in einer gusseisernen Pfanne erhitzen und eine dünne Schicht Teig hineinfüllen. Diesen von beiden Seiten etwa 3 Minuten backen. Dann die Crêpe auf einen vorgewärmte Teller legen. Aus dem restlichen Teig mit der restlichen Butter weitere Crêpes backen.

4 Die Orangenbutter in einer zweiten Pfanne schmelzen und die Crêpes nacheinander darin wenden. Anschließend die Crêpes zu Vierteln zusammenlegen und auf einer Platte anrichten. Mit dem Orangenlikör flambieren.

Zubereitungszeit 15 Minuten
(plus Backzeit)
Pro Portion ca. 385 kcal/1617 kJ
8 g E · 21 g F · 38 g KH

Elsässer Gugelhupf

Zutaten für 1 Gugelhupfform

25 g Hefe, 250 ml Milch, 200 g Butter, 100 g Zucker, 1/2 Tl Salz, 500 g Mehl, 2 Eier, 1 El Rum, 50 g Rosinen

1 Die Hefe in der Hälfte der erwärmten Milch auflösen und 30 Minuten gehen lassen. Die restliche Milch mit Butter, Zucker und Salz vermischen.

2 Das Mehl in eine Schüssel sieben und in die Mitte eine Mulde drücken. Die Eier in die Milchmischung rühren und alles zum Mehl geben. Alles gut miteinander verkneten, die aufgegangene Hefe untermengen.

3 Den Teig abgedeckt in der Schüssel auf seinen doppelten Umfang aufgehen lassen. Die Rosinen in den Rum einlegen. Den Teig nochmals durchkneten, dann die Rosinen dazugeben.

4 Eine Gugelhupfform einfetten und den Teig hineingeben. Weitere 20 Minuten gehen lassen. Inzwischen den Backofen auf 180 °C (Umluft 160 °C) vorheizen. Den Gugelhupf im Ofen etwa 45 Minuten backen.

Zubereitungszeit 55 Minuten
(plus plus Backzeit)
Pro Stück ca. 287 kcal/1206 kJ
5 g E · 13 g F · 37 g KH

Brioche

Zutaten für ca. 20 Stück

500 g Mehl, 15 g Hefe, 2 Tl Zucker, 50 g Puderzucker, 5 Eier, 300 g Butter, 1 Tl Salz, Paniermehl

1 100 g Mehl in eine Schüssel sieben. Die Hefe mit dem Zucker und 6 Esslöffeln warmem Wasser verrühren und mit dem Mehl mischen. Alles zu einem Vorteig verarbeiten. Eventuell noch Wasser zugeben. Den Vorteig 30 Minuten gehen lassen.

2 Restliches Mehl mit Puderzucker in eine Schüssel sieben. Die Butter weich rühren und salzen. Nach und nach die Eier unterrühren und das Ganze zum Mehl geben.

3 Den Vorteig mit dem restlichen Teig gut vermengen. Mit dem Handrührgerät mindestens 5 Minuten verkneten.

4 Briocheförmchen einfetten und mit Paniermehl ausstreuen. Den Teig hineinfüllen und anschließend an einem warmen Ort gehen lassen, bis der Teig sich fast verdoppelt hat.

5 Den Backofen auf 200 °C (Umluft 180°C) vorheizen. Die Briocheförmchen im Ofen etwa 20 Minuten backen. Brioche nach dem Backen abkühlen lassen. Als Gebäck reichen.

Zubereitungszeit 40 Minuten
(plus Zeit zum Gehen)
Pro Stück ca. 233 kcal/979 kJ
4 g E · 15 g F · 21 g KH

Bildnachweis
Coverfoto, Seite 4, 6–7, 9, 10, 11 oben, 11 unten, 13, 14, 15 oben, 17, 18, 20, 21, 23, 126–127 dpa